世界の〝巨匠〞の失敗に学べ！

組織で生き延びる45の秘策

池上 彰
ジャーナリスト

佐藤 優
作家・元外務省主任分析官

768
中公新書ラクレ

はじめに

組織から独立してフリーになり、一七年経ちました。組織から離れて気づいたこと。それは、組織の中での出世競争などコップの中の嵐でしかなかったということです。いずれ外に出れば、また別の世界が広がっているのです。

とはいえ、株式会社や官庁に身を置いて働いている人にとっては、組織の中でのあるべき立ち位置に悩むことも多いでしょう。

とりわけ上司がどんな人物かで、働きやすくなったり、出勤が辛くなったりと大きな影響を受けます。そんな組織人のためにアドバイスを、という趣旨で本書が誕生しました。

当初は、過去の有名人の人となりを、佐藤優氏とで解明していこうと考えて対談を続けていたのですが、編集者の中西恵子氏から「ビジネスパーソンにとって参考になるヒントが詰まっているのではないですか」との提案を受けました。きっと私たちの話が、組織人としての中西さんに響いた部分があったのでしょう。

そこで、「組織で生き延びるには」をテーマにすることにしました。佐藤さんは伏魔殿のような外務省で苦労してきただけに、次々に繰り出される秘訣の数々には驚嘆するばかり。きっと読者の役に立つことでしょう。

私がNHKに入ったのは一九七三年のこと。当時は働き方改革など無縁の世界でしたから、松江放送局に新人記者として赴任したものの、夏休みが取得できたのは、中海に白鳥が飛来する時期でした。これでは夏休みどころか冬休みですよね。

やがて東京の社会部で警視庁担当になると、「夜討ち朝駆け」というとんでもない勤務に突入します。よくぞ身体がもったと思います。ブラック職場そのものでした。

でも、そのおかげで、それ以降、辛い仕事というものはなくなりました。あの地獄の勤務に比べれば、どんな仕事も辛くなかったのです。

当時、私の周りの先輩たちや管理職は、みんな仕事ができるように思えました。まさに「我以外すべて教師」との気持ちで仕事をしてきたのですが、次第に経験を積むと、先輩や上司の能力差が見えてきました。それでも部下に対して、「あいつは仕事ができないから」というような蔑みで見る上司の態度には我慢がなりませんでした。誰に対してもリスペクトの気持ちを持つことの大切さを痛感しました。

　東京の社会部では、仕事の上での運不運がその後の会社員人生を決めてしまう理不尽さを目の当たりにしました。当時は、「アナウンサーだけでなく、記者も現場からリポートしろ」と突然言われるようになった時代。カメラの前で喋ることは、誰も慣れていません。最初のリポートがうまくないと、「あいつにはリポートさせるな」との烙印が押されてしまいます。たまたまリポートがうまくいった記者は、その後もたびたび起用されるようになり、結果として経験を積み、リポートが上手になっていくのです。

　これはきっと、どこの組織でも起きうることなのでしょう。人間社会は理不尽だらけ。でも、その中で卑屈にならずにプライドを持ち、腐ることなく自分の仕事をこなしていくこと。これが大事なことです。本書には、そんな秘訣が詰まっています。

　それを生かすも殺すも読者次第。健闘を祈ります。

二〇二二年六月

ジャーナリスト　池上　彰

目次

世界の〝巨匠〟の失敗に学べ！

組織で生き延びる45の秘策

第一章

乃木希典

上司が精神論を振りかざしたらどうするか

のぎまれすけ（一八四九―一九一二）

一九〇四年、日露戦争で大将に昇格し、軍司令官として旅順を攻略する。明治天皇崩御後、大葬の日に東京の自宅で夫人静子とともに殉死した。

Q 業績悪化で会社が傾き、上司が精神論で乗り切ろうとします。どうやっても合理的ではないのですが、どうやって対処すればいいですか。

A 人生には「限定合理性」の中で闘う以外の選択肢がないときもある。だが、命令が合理的ではないことだけは冷静に見極め、可能な限り危険を回避しよう。

佐藤　グローバリゼーションの進展によって、M&Aなど企業の統廃合、再編などが進んでいたかと思ったら、ここ数年のコロナ禍によって一部のサービス業が壊滅状態に陥るなど、一寸先が見通せない厳しい時代に入りました。格差も拡大しています。不確実性が高い時代にあって、どんどん組織も組織の人間関係もギスギスして余裕を失う傾向にある。

そんな危機意識を持っていたところに、中公新書ラクレ編集部から「混乱期に生き延びる秘策を授けてください」というお題が降ってきました。編集担当者本人の恐怖心から出ているものと思われますが、普遍性があるので池上さんと私で取り組もうかと思いました。

池上　国内外のレジェンドの人生の「成功」と「失敗」を考察しながら、そこから何が学べるか、現代の組織人にも参考になるノウハウがあれば、読者に提供してみたいということになったんですね。

佐藤　なので、編集部が会社の内外からかき集めた、こんなときはどうすればいいですか——と出された質問に沿って、話を進めていきたいと思います。

最初の質問は、「業績悪化で会社が傾き、上司が精神論で乗り切ろうとします。どうやっても合理的ではないのですが、どうやって対処すればいいですか」。

池上　なるほど。日本全国の組織にありそうなことです。

佐藤　こんなとき、現代に生きる私たちが、その立ち居振る舞いを教訓とすべき人物として第一に挙げたいのが、明治の陸軍大将、乃木希典です。

「戦犯」でも「軍神」でもなかった

池上　日露戦争で第三軍司令官として難攻不落の旅順要塞を陥落させ、日本海海戦でバルチック艦隊に壊滅的な打撃を与えた海軍大将の東郷平八郎と並び称された人物です。教育者としても活躍し、迪宮《みちのみや》裕仁親王、後の昭和天皇の教育係も務めたんですね。そして、崩御した明治天皇の大喪礼の当日、妻とともに「殉死」してしまいました。

佐藤　乃木希典には、なぜか「戦犯」のイメージがつきまとうのです。

池上　おもしろいのは、二〇二一年の夏頃、中国メディアが、「乃木坂46」は戦争犯罪人である乃木希典の名を冠しているからけしからん、という「歴史問題」を絡めた批判記事を載せて、話題になったんですね。おっしゃるように、日本人でも、なんとなくそんな印象を持つ人は多いでしょう。

佐藤　例えば東郷平八郎は、一九三〇年（昭和五年）のロンドン海軍軍縮条約に反対の立場を取ったのをはじめ、軍政のいろいろなところに軍拡のスタンスで干渉しました。でも、今の話にあったように、乃木希典は明治時代の終わりとともにこの世を去りましたからね。少なくとも、満州事変や太平洋戦争につながっていく昭和初期から加速した日本の軍国主義化には、ノータッチなのです。

池上　その通り。

佐藤　そんな乃木希典は、戦前は「軍神」として崇められていました。しかし、戦後になると、教育現場で語られることもなくなってしまった。大濱徹也による『乃木希典』の「はじめに」には、こうあります。

軍神として喧伝された乃木希典は、敗戦によって全く無視され、忘却されてしまった人物である。乃木は、楠木正成とともに、敗戦前の帝国日本の学校教育で、ことごとに取り上げられた人物の双璧であった。戦いに敗れて後の新生日本で、正成が「悪党」として甦生しえても、乃木にはいかなる甦りも許されなかった。

『乃木希典』（大濱徹也、講談社学術文庫）

ところが、甦らせた人物がいるんですね。司馬遼太郎です。ただし、そこで描かれたのは、戦前のような軍神・乃木希典ではありませんでした。

池上　『坂の上の雲』の乃木希典像は、「愚将」「戦下手」です。

佐藤　司馬さんには、戦時中に学徒動員で戦車隊に配属された経験があります。そこでの辛い体験もあって、戦いの指揮を執る人間が神格化されることには、強い抵抗があったのだと思います。

池上　実際、彼は、著作に当時の上官の言動に対する不信などを綴っています。そういう視点から、乃木希典を「見直した」のでしょう。後から考えると「なるほど」なのだけれど、軍神と言われていた人物をあれだけこき下ろすというのは、かなり勇気のいることでもあったんじゃないかと感じます。

佐藤　ともあれ、司馬さんの出現により戦後のある時期からは、乃木というのはとんでもない奴だ、という認識が世間に広まりました。

池上　逆に言えば、司馬遼太郎が書かなければ、乃木は軍神のままだった。

佐藤　と思います。ところが、そういう「司馬史観」が広まると、今度は『坂の上の雲』は間違いだらけだ、乃木は「名将」である、と主張する人が出てくるわけです。歴史上の人物でこれほど評価に毀誉褒貶ある人も珍しくて、それこそ楠木正成とか後醍醐天皇とかと肩を並べるのではないでしょうか。

池上　明治天皇に殉じた、しかも妻を巻き込んで自刃したというのは、まさに衝撃のニュースで、世界に配信されたほど。その行為についても、批判と賛辞が交錯しました。

佐藤　今では考えられない行為ですが、当時でもアナクロニズム以外の何ものでもない、という批判が沸き起こったわけですね。一方で、主君に殉じるという前近代的な行為が、日本人の琴線に触れるところも、多分にあった。

池上 「事件」を報じる新聞社でも、自殺の一報を聞いた時には、社内でそれを非難する声が渦巻いたものの、翌日の紙面では批判を抑えた記事が掲載される、といった本音と建前の使い分けが行われたりもしました。世論も割れたのです。

佐藤 でも、旅順の二〇三高地で下手を打って多くの部下を死なせてしまったことを深く悔いて自刃します、というのならまだ納得がいくのです。ところが、そうではなくて、乃木大将の自殺の理由は、なんと、三〇年以上前の西南戦争で軍旗を奪われたことでした。

池上 政府軍の一員として連隊を率いていた際、「官軍」を示す連隊旗を薩摩軍に奪われてしまったんですね。それが命を絶つ理由だと、乃木は遺書にしたためています。

「おいおい、そっちかい」とツッコみたくなってしまう。

佐藤 この殉死の感覚自体は、ドイツ人やイギリス人にも、分かると思います。例えば、太平洋戦争のマレー沖海戦で、日本軍の攻撃によってイギリスの戦艦プリンス・オブ・ウェールズが沈没した時、艦長も一緒に沈んでいますからね。

池上 アメリカは違うのです。艦長は、絶対に生き延びないといけない。生きて帰って、なぜ沈められたのかの報告書を出して、責任の所在を明らかにする必要があるから。

佐藤　とはいえ、イギリス人も奥さんを道連れにしたりはしません。

池上　ああ、それは絶対にあり得ない。彼らの感覚からすると、夫婦で殉死なんていうのは、単なる心中事件ですよ。

佐藤　自殺の強要に映るでしょうね。ただし、これは日本人特有と言えないところもあって、例えばアドルフ・ヒトラー。

池上　結婚式を挙げて、そのまま妻と一緒に死にました。

佐藤　その後を追い、六人の子どもまで巻き添えにしたナチ党の要人、ヨーゼフ・ゲッベルスも「そっち側」の人間です。ですから、他国の人間から見ると、ヒトラー、ゲッベルス、乃木希典というのは、「仲間」に見える。地下要塞でソ連軍の包囲に追い詰められたヒトラーとゲッベルス、片やとりあえずそうした事情もないのに死を選んだ乃木夫妻、という違いはあるのですが。

池上　なんだかそう並べられると、日本人としては、あんまり愉快な気持ちにはなりませんね。（笑）

「限定合理性」の罠

佐藤　乃木希典を教材にして論じたいことをひとことで言えば、リーダーシップ論、組織論です。

池上　題材は陸軍大将としての乃木と、当時の大日本帝国陸軍ですね。そうおっしゃるということは、乃木希典を軍神と崇めるのは論外としても、『坂の上の雲』のように、非合理的なリーダーシップを発揮した結果、兵士たちの多大な犠牲を招いた愚将、で済ませてしまうのも違うのではないか、と。

佐藤　これは後でも述べようと思うのですが、乃木個人の能力や資質やあれこれのエピソードに話を矮小化するのでは、大事なものが見えてこないと思うのです。例えば著者もあまり書きたいと思っていない、編集者もイマイチ乗り気でない、営業も売りたいと思わない、そんな本がなぜかできてしまうことがある（笑）。結果的に返本の山になって、会社が損害を被ることになるのを薄々予想していながら、誰もストップをかけられない……。

池上　いろんな場所で、現在進行形の話だと思います。

佐藤　はたから見れば合理性のかけらもないことが、どうしてもやめられない。それはなぜなのか？　そういうことを解明するうえで、乃木希典の行動様式を勉強することには、大きな意味があるのではないでしょうか。

日露戦争を振り返ってみましょう。ロシア軍が陣を置く旅順要塞の攻防戦で、あくまで「正面突破」に固執した乃木だったのですが、三度白兵戦に臨んだ部隊が、ことごとく全滅に近いことになってしまいます。

池上　日本の初期の頃のコロナ対策でもさんざん批判された、戦力の逐次投入による失敗です。

佐藤　しかし、それにも懲りずに、「最後の手段」とばかりに組織したのが「白襷隊《しろだすきたい》」でした。

池上　史料によれば、三千百名余りからなる「要塞切り込み隊」で、夜間にロシア軍の砲台を奇襲するという作戦でした。なぜ「白襷」かというと、暗闇で見方を識別するために、兵士たちが白い襷をかけていたからなんですね。ところが、これが見事に逆効果で、ロシア軍の探照灯に照らされて、敵にも目立ってしまった。結果、集中砲火を浴びて、あえなく退散する羽目になりました。事ここに至り、乃木は要塞正面からの攻撃をようやく諦め、その西に位置する二〇三高地の攻略に方針転換するのです。

乃木は、白襷隊の出撃に際して、将兵たちに「諸子ガ一死君国ニ殉ズベキハ実ニ今日ニ在焉」と自ら言葉をかけ、激励したそう。そう言われても、事実上無駄死にした兵士たちは、たまったものではありません。

佐藤　では、乃木はどうして相手に返り討ちに遭うのが明白な、無謀な攻撃を繰り返すような指揮を執ったのか？　実は彼には、効率的に敵を攻撃できる「弾」がありませんでした。だからといって、旅順攻略の命を受けた以上、指をくわえて見ているわけにはいかない。そうした状況に置かれたリーダーには、「肉弾で突っ込む」という結論しかなかったのです。

池上　相手が堅牢な要塞に籠っているわけですから、こちらから動かなければ、それはそれで味方の消耗が大きくなってしまう。

佐藤　今ある資源、残された時間という制約の中で、何としても敵の要塞を落とさなくてはならない。そう考えると、白襷隊という戦法は、決して突拍子もないものではありません。人間は、情報や手立てが限られた中でも、「合理的に」行動しようとします。

そういう「限定合理性」が支配する下では、乃木の判断は選択肢として正しかったとさえ言えるでしょう。

池上　大局的に見れば、とんでもない命の無駄遣いなんだけれども、それとは異なる合理性がルールの現場では、愚かと切って捨てられて終わり、という行動ではなかった。重要な視点だと思います。

佐藤　しかも、これは、いったん始めると止めるのが難しい。撤退すれば、今までの屍がそれこそ全部無駄になってしまいますから。

池上　投資したけれど回収できないサンクコスト（埋没費用）になってしまう。

佐藤　そう。ＵＦＯキャッチャー（クレーンゲーム）は、景品をゲットするまで帰れなくなるというのに、さも似たりなのです。

池上　経済学で言うところの、投入した百円玉を諦めるのは、それなりに勇気が要ります。（笑）

佐藤　幸か不幸か、とあえて言いますが、日露戦争では白兵攻撃を続けた結果、最終的に日本は大国ロシアに勝利するわけです。だから、結局サンクコストは発生しませんでした。

池上　戦地での夥《おびただ》しい犠牲者は、祖国を救った英霊になることができましたから。

危ない成功体験が「伝統」になる怖さ

佐藤　「今ある資源」と言いましたが、逆に言えば、乃木には「弾」はなかったけれども、豊富な人材はあったわけですね。これも大事なポイントで、だからこそ白兵戦が合理性を持ちえました。

イラン・イラク戦なんかも典型で、死んでいるのは圧倒的にイラン兵です。彼らは毒ガス攻撃にもめげずに進んで行ったわけで、そういうふうに人的コストを度外視して戦いを優位に進めたのです。

池上　イランは、中学生や高校生ぐらいの子どもたちを、イラク軍が敷設した地雷原に突入させるようなことまでやりました。ここで死んだら、天国に行けると言って。そうやって地雷の始末を済ませてから、軍の正規部隊が進撃していった。テヘラン市内に犠牲になった若者たちばかりの墓地があって、取材に行ったことがあります。

イランは毎週金曜日の昼に集団礼拝があります。その後、戦争で我が子を失った母親たちが墓参りに来ていました。墓には子どもたちの写真が貼ってあるのです。あどけない子どもたちの顔を見て、胸をつかれました。

朝鮮戦争の時には、中国の人民解放軍も人的コストを無視した戦いができました。今は違うのです。一人っ子政策で子どもが一人しかいないから、何かあると親が怒鳴り込んでくる。だから、昔ほど強くはないんですよ、人民解放軍は。（笑）

佐藤　朝鮮人民軍のほうが強そうですね。（笑）

池上　ともあれ、限定合理性を貫いて得た日露戦争の勝利は、欧米列強と緊張感を高めていく日本にとって、大いなる成功体験となりました。で、後に殉死した乃木希典は、軍神にまで祭り上げられた。

佐藤　死んでしまえば神様だから、率いた兵を大量に死なせた責任を問われることもなかった。組織のほうでも、とにかく兵を注ぎ込んで肉弾戦を挑んで最後には勝利するというのが、「皇軍の伝統」になったわけです。

池上　さきほど「幸か不幸か」とおっしゃいましたが、日露戦争に劇的勝利を収めたことが日本を「誤解」させたのは事実です。

佐藤　太平洋戦争のマレー戦では、爆破された橋などを修復するのが任務の工兵隊が、自分たちが川に入って肩に丸太を担いで「橋」になるようなことまでやりました。イギリス人やアメリカ人が考えもしないようなマンパワーを発揮して、シンガポールを陥落させたわけです。

その後、飛行場の奪還を目指したガダルカナル島の戦いで手痛い敗戦を喫し、戦況が変わっていくのですが、あれも限定合理性の視座を置くと、日本軍の行動は「理解」できるのです。大本営もメンツがあるから、退けなどとは口が裂けても言えない。現場も進撃あるのみだ、という雰囲気になっている。さりとて、一斉攻撃を仕掛けたら、即座に全滅の可能性がある。そこで、「逐次戦力投入」で、戦力を小出しにしながら状況の打開を図ったんですね。

池上 大量の餓死者まで出すような消耗戦を繰り広げたのですが、結局は圧倒的な戦力を誇るアメリカの前に、なす術《すべ》もなかった。

佐藤 でも、そういう犠牲を重ねたからこそ、「転進」の大義名分が生まれたのも事実なのです。

池上 最初からそこまでシナリオを描いたのではないでしょうけど、当時の軍部にとっては、十分「合理的な」行動だったことになります。裏を返すと、限定合理性に則って判断し行動することが、時にどんなに恐ろしい結果をもたらすか、ということを如実に示しています。

ロシアも罠にはまっていた

佐藤　限定合理性に従って行動した乃木希典は、結果的に多大な犠牲を出しました。では、乃木は、どうしてそうした限られた条件の下に置かれることになったのか？

池上　日露戦争とはどんな戦いだったのでしょうか。

佐藤　「弾」さえあれば、乃木も肉弾戦の突撃命令を繰り返すようなことをせずに済んだはずです。生産力が低いうえに、現場に資材を届けるロジスティクスも不十分なまま戦争に突入したという構造的要因が、乃木の行動の裏にはありました。そこも、きちんと見ておく必要があると思うのです。

池上　ロシアの南下政策に対抗して国土を守るため、というのが教科書的な日露戦争開戦の理由です。

佐藤　でも、仮に遼東半島を返還していたら、増長したロシアがやがて日本に侵攻してくるような危機があったのか？　本当は、そこから疑う必要があるでしょう。日露戦争に敗れた日本が舞台の、佐々木譲さんの『抵抗都市』『偽装同盟』という仮想小説があります。警察小説ですが、完全にロシアの従属国になっている日本の姿が、リアルに描かれているんですよ。戦いを始めたのはいいけれど、戦前の予想を覆して勝利していなければ、実際にそうなっていたかもしれません。

池上　日露戦争は、太平洋戦争同様、「無謀な戦い」だったのが明らかです。勝ったから、そういう想像力が働きにくくなっているのですが。

佐藤　無謀であるのと同時に、「残念な戦い」でもありました。そもそも、苦労して二〇三高地を取る必要があったのか、というところからクエスチョンマークが付くわけです。

二〇三高地を押さえ、ようやく「二十八糎榴弾砲」という大砲を据えて旅順港にいるロシアの戦艦を砲撃したりするのだけれど、日本が恐れていたロシアの旅順艦隊は、すでに連合艦隊の攻撃を受けて使い物にならない状態でした。その情報が正確につかめなかったところに、重大な問題があったのです。

池上　白兵戦で散っていった兵士たちは、ますます浮かばれません。

佐藤　それがほとんど意味のない戦いであることが、乃木を含めてその時現場にいた人間たちには、分からなかったわけです。

池上　さっきも言ったように、そういうのが限定合理性にとらわれることの恐ろしさですね。

佐藤　さらに言えば、この戦争では、実はロシアの側も限定合理性の下での戦いを強いられていました。日露戦争は、日本海海戦でロシアのバルチック艦隊が撃破されたことで大勢が決したわけですが、彼らは大変なハンデを背負っていたんですね。ヨーロッパ側のバルト海から東アジアを目指したわけですが、出港しても燃料である石炭をイギリスの植民地では積むことができない、イギリスが支配していたスエズ運河も航行が困難で、ほとんどの船はアフリカ大陸の南端、喜望峰を回る航路を余儀なくされました。

池上　当時、日本とイギリスは日英同盟を結んでいましたから。イギリスからはバルチック艦隊に関する有益な情報ももたらされました。この外交関係なくして、日露戦争の勝利は恐らくなかったでしょう。

佐藤　結局、ジノヴィー・ロジェストヴェンスキー中将率いる大艦隊は、七ヵ月かけて日本近海に到着するのですが、ここで目的地のウラジオストクへ向かうのに、リスクを承知で「対馬海峡ルート」を選ぶわけです。無理に無理を重ねて航海してきただけに、もう一刻も早く港に入りたい、と。

池上 へとへとの乗組員や燃料事情などを優先すれば、日本海を通過する最短ルートを取るのが合理的でした。仮に日本に攻撃されるようなことがあっても、最新鋭の戦艦を擁する巨大艦隊の敵ではないだろう、くらいに考えたのでしょう。しかし、その判断が命取りになりました。

佐藤 そこでもうひと踏ん張りして、太平洋側を回って東京湾に入り艦砲射撃でもしていたら、日本側は大パニックになっていたはず。それが怖くて、お台場や猿島に砲台を建造したわけだから。さらに北上して、釜石の軍需工場などにも砲撃を加えつつ、津軽海峡を抜けてウラジオストクに向かっていたら、その後の戦況は大きく違ったと思います。

池上 「ロシアの脅威」を目の当たりにした日本は、震え上がったでしょうね。

佐藤 なんのことはない、ロシアの方も、軍が頼みの綱としていた船の上が「二〇三高地化」していました。日本は、それにも助けられたことになります。

乃木殉死の記憶装置となった『こころ』

池上　さきほど論じたように、戦後、司馬遼太郎が乃木希典を「再発見」するとともに、軍神像の見直しを行いました。他方、文学作品として「乃木大将の殉死」を語ったのが、夏目漱石の代表作『こころ』です。

佐藤　明治の知識人が、乃木希典のことをどう捉えていたのかを知るテキストの一つと言えるでしょう。

池上　漱石は、一人の女性をめぐって親友を裏切り、自殺に追い込んでしまったという自責の念に駆られながら生きてきた「先生」が、乃木の殉死に際して自らも死を選ぶ、という筋立てで登場させたわけです。『こころ』は「日本で一番売れた本」とも言われていますから、この作品を通じて、なんとなく乃木希典のことを知った人も少なくないはずです。

佐藤　私は、漱石が『こころ』に書かなければ、乃木の殉死は、二十一世紀の今日まで残る話にはならなかったのではないかと思うのです。

池上　確かに二〇三高地は論じられたとしても、殉死の一件は残らなかったかもしれません。現代では感情移入のしにくい出来事ですから。

佐藤　そう思うのです。半藤一利さんが『日本のいちばん長い日』を書かなかったら、日本の降伏の直前、それを阻止しようとしてクーデター未遂事件を起こした決起将校たちの話は、恐らく忘れ去られていたのと同じように。ノンフィクションでも小説でも、そういう記憶装置として読み継がれていくものには、いろんな意味で価値があるわけです。

池上　乃木の殉死については、当時から賛否両論渦巻いたことも論じました。では、漱石はどうだったのか?

さきほどの『乃木希典』では、「先生」が遺書で「妻に血の色を見せないで死ぬ積」「狂ったと思はれても満足」と語っていることなどを挙げて、「切腹という乃木の死に方、しかも妻をも自刃においこんだところの乃木の死に方へ対する、漱石の満腔の批判を表したものにほかなるまい」と断じるのですが、はたしてどうでしょうか。少なくともこの小説を一読しただけでは、そこまで理解するのは困難です。

佐藤　『こころ』を読んであらためて分かるのは、やはり当時から乃木の行為を「無駄死に」とする見方が、結構強かったのだということ。ただ、漱石は、乃木がアナクロニズムに凝り固まった人物だという見方はしていなかったのではないか、と私は思うのです。「先生」の遺書では、こんなことも言っています。

私は新聞で乃木大将の死ぬ前に書き残して行ったものを読みました。西南戦争の時敵に旗を奪られて以来、申し訳のために死のう死のうと思って、つい今日まで生きていたという意味の句を見た時、私は思わず指を折って、乃木さんが死ぬ覚悟をしながら生きながらえて来た年月を勘定して見ました。西南戦争は明治十年ですから、明治四十五年までには三十五年の距離があります。乃木さんはこの三十五年の間死のう死のうと思って、死ぬ機会を待っていたらしいのです。私はそういう人に取って、生きていた三十五年が苦しいか、また刀を腹へ突き立てた一刹那が苦しいか、何方が苦しいだろうと考えました。

『こころ』（夏目漱石、新潮文庫）

つまり、「死んだつもりで生きている」というわけです。これは、すごく実存主義的な哲学で、ハイデガーを先取りしている感じがしないでもない。武士道にも通じますよね。「武士道と云うは死ぬ事と見付けたり」。漱石は、この小説に、実に上手にそのあたりを盛り込んでいます。

池上 だからこそ時代を超えて読み継がれ、記憶装置としての役割も果たしているのでしょう。ただ、それにしても、小説への乃木希典の登場は、いかにも唐突と言わざるを得ません。遺書のラストに殉死の話が出てきて、だから自分も死ぬのだ、と。それで物語自体もおしまいになってしまう。

佐藤 そこに至るまで、さんざん「こころの葛藤」が描かれてきただけに、おっしゃるように外挿的な印象は、否めません。ストーリーを強制終了させるための挿話のような。

池上 そうなんです。

佐藤 その点も含めて、『こころ』というのは、非常に不可解な小説でもあります。言うまでもなく、『こころ』自体は、人間の罪とか孤独とかを当時の日本人にも分かる言葉で翻案した、非常に深い物語です。孤独という点では、「先生」は、親友をだまし討ちにしたような形で結婚した妻から「何のために勉強するのか」という質問をたびたび受けて、最も愛する人間すら自分のことを理解してくれないのか、と嘆いたりする。

池上　奥さんとは、こんなやり取りもありました。

すると夏の暑い盛りに明治天皇が崩御になりました。その時私は明治の精神が天皇に始まって天皇に終ったような気がしました。最も強く明治の影響を受けた私どもが、その後に生き残っているのは必竟時勢遅れだという感じが烈しく私の胸を打ちました。私は明白さまに妻にそういいました。妻は笑って取り合いませんでしたが、何を思ったものか、突然私に、では殉死でもしたら可かろうと調戯いました。

『こころ』

「明治の精神」が潰えたことに、激しく動揺する「先生」。一方、そんなものからは全く「自由」な妻。夫婦の間に越えようのない壁の存在することを象徴するシーンです。

佐藤　でも、この奥さんもけっこう陰険な女性ですよね。その一言が、自殺の遠因になったかもしれない。

池上　あるいは、奥さんは毎月亡き親友の墓を参る「先生」の行動を訝しみ、薄々自分を取り巻く真実に気がついていたのか。そんな想像も、できなくはないですよね。

佐藤　いずれにしても「先生」は、移ろいゆく時代とかにうまく適合するのが難しい、極めて複雑な内面を持った人間として描かれています。

池上　近代的な自我とはどういうものなのかを、「先生」を通して問いかけていると言ってもいいのではないでしょうか。

佐藤　そんなふうに、罪とか個の確立とかのヨーロッパ的なテーマに切り込む一方で、ラストは日本的な殉死でしょう。和洋折衷というか和魂洋才というか……。でも、こういうと身も蓋もないのですが、乃木の殉死自体は、どう考えても忠臣蔵の域を出ない話だと思うのです。軍旗を奪われたから生きていられないなどというのは、武士の体面みたいな話ですから。

池上　同感です。

佐藤　しかし、夏目漱石は、その「素材」を人間の奥深いところを描く小説にあえて挿入しました。そのことによって、「乃木希典の物語」もそういうレベルの精神世界の発露として印象づけられ、後世まで残ることになった。それが私の解釈です。漱石の本意がどこにあったのか、正確なところは分かりませんが。

「二〇三高地化」し、ついに韓国の後塵を拝するニッポンの現実

池上　話を現代に進めましょう。佐藤さんは、乃木希典からくみ取るべき教訓は、リーダーシップ論、組織論だとおっしゃいました。つまり、今を生きる我々は、旅順要塞と対峙した乃木大将を克服してはいない。乃木希典や、彼に限定合理性のルールを強いた組織、社会を笑うことはできない現実があるんだ、ということですね。

佐藤　そうです。日露戦争から一〇〇年経ちますが、「ここが勝負」となると、決まって白襷隊になってしまう。今乃木希典を論じることが大事だと思うのは、企業にしろ学校にしろ、日本のあらゆるところで「二〇三高地化」がますます進行しているのではないか、という危機を実感するからにほかなりません。

池上　現代の白襷隊の典型と言えるのが、新型コロナに立ち向かった医療従事者ではないでしょうか。新規の感染症への対策を本気で取り組める医療現場の体制づくりを考えないまま、それこそ「弾」が不足しているのに、「頑張れ、頑張れ」の一点張り。あげくコロナで他の患者が減って経営的に苦しいからと、看護師のボーナスが出せなくなっ

た病院が出てしまう。冗談じゃないと辞めようとすれば、医療や看護に携わる人間が非常時に敵前逃亡するのか、みたいに叩かれる。当時はワクチン接種も始まっていませんでしたからね。現場の人たちは、文字通りの白兵戦を強いられたわけです。

佐藤　戦力というのは、「客観的な資源や武器×士気」である。前者が足りなければ、後者で補え。そこに「大和魂」という変数を置けば、戦力は無限大にできるではないか――。冗談抜きで、その伝統が社会に連綿と生き続けているのです。さらに困ったことに、無理に無理を重ねて何とか乗り切ると、それが成功体験になって受け継がれていくんですね。

池上　長期を見据えた日本の医療体制の抜本的な見直しが進む気配は、今のところ見当たりません。

佐藤　乗り切れなければ、「玉砕」です。まあ、地獄の釜の蓋が開く寸前に、「転進」になることが多いのですが。

池上　日本を代表する企業でありながら、限定合理性に従って粛々と事を進めたために「転進」を余儀なくされたのが、東芝です。とにかく上から営業成績を上げろ、数字を何とかしろと言われて、実際に「何とかして」しまった。決算の改竄までやって上の負託には応えたのだけど、結局稼ぎ頭の半導体事業を売却したり、会社自体が二分割されそうになったり、という憂き目を見ることになってしまいました。

佐藤　バブル崩壊後に粉飾決算を繰り返したあげく、二〇〇八年に消滅したカネボウは、かつて日本で最大の民間企業でした。化粧品以外の大半の事業を引き継いだクラシエホールディングスのボードには、カネボウ時代に中堅ぐらいの社員だった人が多いのですが、彼らに話を聞くと「当時は、薄々おかしいと感じていた」と口を揃えるのです。

池上　長期にわたる巨額の改竄ですから、社内ではさすがに異変も感じられたでしょう。

佐藤　架空売り上げを計上する同社の粉飾決算も、「債務超過を絶対に回避する」という限定合理性に則って実行されたものです。債務超過になると、銀行融資が困難になるうえに、上場廃止も覚悟しなければなりませんから。

池上　だから、社員みんながおかしいと感じるようなことをやめることができなかった。その結果、外面は何とかごまかせても、会社には莫大な負債が積み上がっていくことになってしまいました。

佐藤　外から冨山和彦さん（旧産業再生機構最高執行責任者）が入ってこなかったら、本当に沈没するまでそれをやっていたはずだ、と彼らは言います。地獄の釜の蓋が半分くらい開いてもなお、決算の改竄を企図した人間たちは、自ら方針転換を図ることがままならなかったわけです。

池上 東芝もカネボウも損失が甚大で大きな事件になったわけですが、残念ながら「特異な例外」とは言えません。

佐藤 私企業どころか、国レベルの制度自体が限定合理性の罠にずっぽりはまっている例もあります。日本では、高校の段階で理系と文系を峻別します。欧米はもとより、中国も韓国もこんな極端なことはやっていません。にもかかわらず、大学受験の実績を上げるために、私立の中高一貫校のみならず公立の有名進学校でも、より早い段階で進路を選択させる傾向が、近年さらに強まっているのです。

池上 受験に関係のない科目は「捨て」て、必要なものだけに集中させる。志望校への合格をゴールとするならば、まさに合理的です。

佐藤 その結果、例えば数学を学ぶことによって養われる、論理的にものを考えたり数字などの客観的な根拠に基づく議論をしたりという、あらゆる学問や仕事のうえで不可欠な素養を丸ごと欠いた人間が、ゴマンと生まれてしまう。やりがいのある職に就きたい、あるいは世界との競争に伍して戦える人材を育成したい、という目標からすると、かなり非合理的なことになっているのではないでしょうか。

池上　おっしゃる通りだと思います。

佐藤　限定合理性にとらわれると、あえて「不都合な真実」から目を背ける傾向が強まることも、指摘しておきたいと思います。

池上　突撃を命じた部隊が全滅したという報を受けた乃木希典が、何も感じなかったはずはありません。負債が積み上がっていくのを認識している企業経営者たちも、同じでしょう。彼らは、自分が是とするもの以外、見ようとはしなかった。

佐藤　例えば、二〇一八年のOECD統計が発表になって、一人当たりGDP（購買力平価）で、ついに日本が韓国に抜かれました。多くの日本人は、なんとなく韓国は政治も混乱しているし、経済も疲れ切っているのだろう、といったイメージを持っていたと思うのですが、とんでもない。日本同様の少子化に苦しみながらも、生産性を着実に上げていて、他方日本の方は全く上がらない。

池上　まさに数字がその事実を語っています。

佐藤　一九六五年の日韓国交正常化の時、一人当たりGDPは、一〇倍くらいの差があったのです。それがここまで来たというのは、今の日本経済の深刻さを象徴する出来事で、本来ならばその彼我の違いはどこからくるのか、新聞やテレビが連日特集を組むくらいのことが必要でしょう。でも、そういう本当に見なくてはいけないものを、直視しようとはしないわけです。乃木希典のことを笑えるでしょうか。

池上　それぞれが限定合理性で「頑張って」いると、どうしても視野狭窄に陥って、そういう全体の姿が見えにくくなる、ということも言えるでしょう。戦い自体も、何か革新的なものを作り出そうというよりも、薄い利益の奪い合いのような局地戦にどんどんなっていく。その結果、気づいたら生産性で世界から取り残されるような状況になってしまったのかもしれません。

日本の成功者の自伝は、ほとんど役には立たない

佐藤　これは、今回の池上さんとの対談すべてを貫くテーマだと思うのですが、こうやって「偉人」たちから教訓を得ようとするときに重要なのは、話を「エピソード主義」に還元しない、ということだと思うのです。

池上　というと？

佐藤　乃木希典が軍神として崇められた物語は、二人の息子を戦死させたとか、耐え難い苦難の末に旅順を落としたとか、殉死も含めて「美しい」逸話に彩られています。でも、それらに感動する人はいるかもしれないけれど、現代を生きるヒントのようなものは、ほとんど何も見当たらないでしょう。

池上　ああ、なるほど。個々のエピソードではなく、「乃木があの時取った行動は限定合理性に従ったものだった」という全体構造を明らかにして、初めて生きた学びになるということですね。

佐藤　そうです。キーワードは「普遍化」です。それができるかどうかが大事で、普遍性を持たない「エピソード集」は、教材にはなりません。

誤解を恐れずに言えば、例えば松下幸之助も盛田昭夫も本田宗一郎も、その経営術を語ったものには、普遍性が認められないのです。俺が若い頃には、助けた亀の背中に乗って竜宮城に行ったもんだ、というような「自分話」のオンパレードで。

池上　信奉者が聞いたら、怒るかもしれません（笑）。ただ、右肩上がりの高度成長期ならまだしも、今聞いても「ふ〜ん」にしかならない話は、確かに多いと思います。

佐藤　かつては、そういうエピソードをたくさん蓄積しておけば、類似の事象が起こって、問題解決に役立ったわけです。でも、複雑化した今の時代に提起されるのは、大半が初めて直面する応用問題なのです。エピソードの裏にある公式を見つけ、血肉にしておかないと、解くことができません。にもかかわらず、いまだにビジネス書は、「過去問」にお化粧を施した類のものがほとんどでしょう。

池上　それで学んでも、降りかかってくる限定合理性から逃れるのは難しいかもしれません。

佐藤　一方で、例えばデイヴィッド・ロックフェラーの自伝などは、「自分話」を見事に普遍化していて、非常に役立つテキストになっています。

簡単に言うと、大金持ちになるのはそんなに難しくないが、それを維持するのは大変なのだ。なぜならば、何もしなければ国家と民衆からの攻撃が避けられないからだ、とまず巨大資本家とぶつかる相手を明確にします。そのうえで、生き残るためには、二つのことをやる必要がある、と。

一つは、補完外交。アメリカの国家ができないような国と外交関係を持って、国に貢献するのです。もう一つは、民衆の反感を買わないために、チャリティーに精を出す。そうやって富の再配分を行えば、民衆から敵視されることはないだろう、と述べているんですよ。

池上　まさにそれを実行して、立派に生き残るばかりか、尊敬まで集めています。

佐藤　こういう話には普遍性があるでしょう。だから使えるのです。

池上　ロックフェラーほどの財を築くことはまずないでしょうけど、いろんな課題に対して応用できそうですね。普遍化というのはこうやってやるんだよ、というのを学ぶうえでも、大いに役に立つのではないでしょうか。

佐藤　そうなのです。

二〇三高地に立たされたら

池上　佐藤さんご指摘のように、「現代の二〇三高地」は他人事ではないと思います。組織に属していれば、大なり小なりそうした状況に巻き込まれる可能性がある。そういう時にどう行動すべきなのかについて、最後に論じておきましょう。

佐藤　言わずもがなのことですが、危うい現場には極力近づかないことです。「この案件を上手に処理してくれたら、昇進を考えるよ」というような誘いがあった時に、意気に感じて乗るか、一歩引いて「自分にこのような依頼をするというのは、会社は相当まずい状態にあるのではないのか」と俯瞰して考えられるか。

池上　実際、さきほどの東芝の例では、実行した社員の前には、取締役のポストという餌がぶら下がっていたわけです。

佐藤　サラリーマンなどの場合には、否も応もなく泥船の乗組員にされてしまうこともあります。そういう時は、とにかく冷静になって考えましょう。

例えば、会社の業績が悪化した結果、やたら上司が精神論を説き出したら、もう手持ちのリソースが枯渇したんだなと悟る。そうである以上、運が悪かったと観念して、当面は上司の信じる限定合理性に従って行動するしかありません。

池上　会社を辞めない限り。

佐藤　ただし、絶対に負ける戦を一生懸命やらない。ガダルカナルに行っても、お腹が痛いとか何とか言って突撃隊には加わらず、時を待つのです。そうすれば、駆逐艦に乗って帰れる可能性がありますから。

池上　へたに突撃隊に加わると、戦犯として後で責任を追及される可能性もありますからね。

「冷静に」と言われましたが、とにかく自分が今巻き込まれているのは限定合理性の渦《うず》で、客観的に見たら決して合理的な行動ではないんだ、ということをしっかり自覚するのが重要です。そのうえで、被害を最小限に止めることを考えるべきでしょう。

佐藤　そう。「天命を信じ、全軍突撃（玉砕）せよ」という号令に粛々と従うのは避ける。命じられるまま仕事をやっているふりをしながら、逃げ出す機会をうかがうのが、最も賢い戦術と言えます。

池上　さらに、そもそも大局的に見て不合理なことが、なぜ目の前で堂々とまかり通っているのだろうと自分なりに分析してみれば、将来に向けた生きた勉強になるのではないでしょうか。

佐藤　逃げるだけでなく、災い転じて福となすことができるかもしれません。

池上　上司の立場にある人も含めて言うならば、自分が限定合理性の罠にはまっていないかを、常に疑ってみることも大事になるでしょう。正しいと信じている前提、設定自体、俯瞰して見た時に本当に意味のある正しいものなのかだろうか、と。

佐藤　そういう力を養うためには、本を読むことです。限定合理性の世界に追い込まれた人間を描いた小説などを読んで、代理経験を積むのは有効です。

【生き延びるための秘策1】

「限定合理性」の罠にはまらない

◎「頑張ればなんとかなる」という合理性の欠如した日本の精神論好きは、一〇〇年たっても変わらない。乃木希典が大日本帝国から押し付けられた合理性なき「ムチャ振り」は、現代の日本でも頻発していると心得よ。

◎上司が精神論を鼓舞し始めたら、合理的に勝てる手がなくなってきているのかもしれない。泥船に乗せられるかもしれないという危険を察知しよう。

◎可能な限り、危うい現場は近づくな。「この案件を上手に処理してくれたら、昇進を考えるよ」といわれたとき、「自分にこのようなことを依頼するというのは、会社は相当まずい状態にある」と冷静に見定められるかどうかが明暗を分ける。

◎負け戦のときに必死になるな。時を待てば、回避できる可能性もある。そこそこに戦い、抜け出すチャンスを見逃すな。

◎それでも上司の命令に従わなければならないときもある。そんなときは、「限定合理性」の中で闘うしかないが、それが限定合理性の戦いであることを肝に銘じておく冷静さだけは失うな。

◎すでに日本の一人当たりＧＤＰ（購買力平価）は、韓国にも抜かれている。ところが、このニュースは小さな扱いで終わった。見たくないものは見ない──この国の悪いクセを忘れるな。

◎例えば松下幸之助、盛田昭夫、本田宗一郎……。日本の経営の神様たちの成功譚は面白いが、こんなことがあったというエピソード集なので、普遍性が薄くて役には立たないことが多い。読むなら米国などの成功者の自伝がおススメだ。

第二章
田中角栄
派閥抗争の中で生き延びる作法

たなかかくえい（一九一八－一九九三）

一九七二年、内閣総理大臣就任。高等小学校卒で上京し、苦学した経歴などから、空前の「角栄ブーム」を巻き起こした。就任直後に訪中し、周恩来首相と共に「日中共同声明」を発表。マスコミに「今太閤」「庶民派宰相」と持てはやされたが、七四年、月刊誌が田中ファミリー企業の「錬金術」を暴くと一気に逆風が吹き、辞任に追い込まれた。辞任後、七六年に米・ロッキードの機種選定をめぐって収賄罪で起訴され、八三年に東京地裁で有罪判決を受けた。

Q 派閥抗争が激しい会社です。社長派と専務派がいますが、どちらにも関わりたくありません。といっても、自分の上司は専務派なので、勝手に専務派に組込まれそうで嫌で仕方がありません。どうすればいいですか？

A 田中角栄が潰されたのは、真の友達がいなかったから。友達を大事にしよう。友達がいない人間は情報が入ってこなくなり、潰されやすくなる。対等な人間関係を築けるビジネスパーソンになろう。

佐藤　派閥抗争が激しい会社で、どうやって生き延びればいいか——というお悩みです。人間が三人集まれば派閥が生まれるそうですから、どんな時代になっても派閥抗争は組織人の悩みの一つです。

池上　ＮＨＫも派閥の厳しい会社でした。懐かしい……。

気を取り直して、派閥抗争を生き延びる知恵を考えましょう。田中角栄が参考になるのではないでしょうか。さっそく、分析を始めましょう。

消えることのない「角栄神話」

佐藤　二〇二一年の初めに、小説家の真山仁さんが『ロッキード』という分厚いノンフィクションを出して、順調に版を重ねているようです。

池上　元総理・田中角栄が収賄罪などで有罪判決を受けた「ロッキード事件」を再検証するという触れ込みです。中でいろいろ語っているNHKの社会部記者の人たちとは一緒に仕事をしていて、話を聞いてもいましたし、当時私自身も取材に関わったりしていたこともあって、驚くような新事実が明らかにされたという感想は、私は持ちませんでした。

佐藤　こういう企画が成り立つということ自体、田中角栄という政治家の凄さ、「角栄神話」の根強さを証明していると思うのです。本の「序章」には、こうあります。

ところが、近年になって、政治家としての角栄が再評価される。

「決断と実行」を推し進めた突破力、さらには、地方再生やエネルギー問題に対する危機感など、今の政治家にはない魅力が現代人を惹きつけた。

『ロッキード』（真山仁、文藝春秋）

池上　「近年になって」というか、「角栄神話」は、みんなが忘れかけた頃に「そういえば」と語られる。そんな感じがするのですが。

佐藤　いつまでたっても人々に忘れられることなく、語り継がれる人物です。まるで菅原道真のようだと思っています。

当時はみんなが田中金権政治を批判したのですが、今から思えば、「あの時代は良かったなあ」という感慨のようなものが、私たちくらいの世代から上にはあるわけです。だから、そういうものと重ね合わせて、時代の節目みたいなタイミングで亡霊のごとく現れる。（笑）

池上　「神話」の底流に田中角栄という政治家の「特異な」出自があるのは、言うまでもありません。新潟の寒村に生まれ、上京前の学歴は高等小学校卒。当時は尋常小学校の上が高等小学校でしたから、今のイメージだと中学卒でしょうか。

佐藤　あの世代だと、高卒に近い感じがします。旧制中学への進学率は低くて、現在の大学ぐらいの感じだったはずですから。しかも、当時の高等小学校のカリキュラムというのもとてもしっかりしていて、算盤はもちろん簿記も習ったりしていた。いずれにしても、学歴が高くないとはいえ、頭脳明晰な人物だったことは確かです。

池上　「コンピューター付きブルドーザー」などとも言われましたね。上京してからは、中央工学校の夜学に通って建設業で名を成した後に、雪深い新潟の人たちのために、と政治家になった。そして、帝国大学卒のエリートばかりの中で、自分の力ひとつで総理にまで上り詰めました。

佐藤　当時の日本の政治は、ヒトラー時代のドイツのようなものでした。ドイツで帝国の宰相になることができるのは、将軍か大学出か以外にはあり得なかった。日本でも、帝国大学や早稲田みたいなところで高等教育を受けていない人間が総理大臣になるなど、考えられないことだったのです。

池上　だからこそ、田中角栄総理が誕生した時、国民は「今太閤」だと拍手喝采しました。学歴がなくても国の政治のトップに立つことができるんだ、と。ある種の夢を当時の人たちに抱かせるような存在になったわけです。

佐藤　角栄が総理大臣になった一九七〇年代初頭といえば、まだ地方からの集団就職があった時代ですからね。そういう立身出世のストーリーが、多くの人の心にリアルに響く素地がありました。

池上　現代にも、その集団就職の話を巧みに利用した政治家がいたじゃないですか。菅義偉前総理です。「秋田出身のたたき上げの苦労人」というイメージがメディアを通じて拡散されて、自民党総裁選圧勝の下地になりました。でも、菅さんは私の二つ上なので分かるのですが、当時秋田県で高校に進学できたというのは、かなり恵まれた家庭の子どもなのです。

佐藤　実家は裕福なイチゴ農家でしたね。

池上　さらに大学にも行っているわけで、少なくとも経済面で「苦労人」と呼ぶのはおかしい。あたかも角栄を彷彿とさせる話なのですが、実態はまるで違います。そういう形で「神話」が使われたと言われても仕方がないでしょう。

佐藤　そして、菅政権は、角栄政治のような派手さもなく、短命に終わってしまいました。

「ロッキードの亡霊」に怯えた政治家たち

池上　『ロッキード』のようなタイトルの本が売れるのは、ロッキード事件という言葉は聞いたことがあるけれど、何があったのかよく知らない、という人たちが多いことの裏返しかもしれません。

佐藤　「トランプ現象」によって、アメリカへの手放しの信頼が揺らいだことも、背景にあるような気がします。日米同盟はいいけれど、本当はアメリカは、何をやらかすか分からない国なのではないか、と。田中角栄はアメリカに「刺された」んだ、という陰謀論は根強いですから。

池上　さっきの本の描写にあるように、何かあると「今の時代に角栄がいれば」という話になるわけです。その田中角栄が罪に問われ、裁判にかけられたというのは、どういうことなのだろう。たぶん、ロッキード事件と聞いて、そんな気持ちを持つ人たちも少なくないのだと思います。

簡単に振り返っておくと、この事件の発火点はアメリカでした。一九七六年二月に、上院外交委員会多国籍企業小委員会、委員長の名を取って通称「チャーチ委員会」の公聴会で、ロッキード（現ロッキードマーティン）社のアーチボルド・コーチャン副会長が、自社の航空機を売り込むために総額三〇億円の賄賂を日本の政界にばらまいた、と証言したんですね。田中角栄には、総理在任中に口利きの報酬として五億円が渡っていました。

佐藤　賄賂は、右翼の大物児玉誉士夫、ロッキードの代理店丸紅、そして全日空の三つのルートで流れました。角栄が受け取ったのは「丸紅ルート」です。

それにしても、「戦後最大の汚職事件」と言われるだけあって、この事件は日本の政界に大きな副反応をもたらしました。「鬼頭ニセ電話事件」なんていう珍妙なことも起こったんですね。

池上　京都地裁の鬼頭史郎判事補が、当時の布施健検事総長をかたって田中の後任だった三木武夫首相にロッキード事件絡みの話で電話をかけ、ときの中曽根康弘幹事長に収賄の容疑があるものと誤認させようと嘘を言い募るんですね、それで、三木首相から中曽根の逮捕中止という指揮権発動の言質を引き出そうとした。鬼頭はこの電話を録音して、読売新聞社にその録音テープを持ち込んだ。ところが、読売新聞に謀略電話であることを見破られてしまったんですね。

佐藤　実はあのテープは、最初自民党代議士の中川一郎のところに持ち込まれたのです。鈴木宗男さんが中川さんと一緒にそれを聞いたら、当時の中曽根自民党幹事長を逮捕してもよいかと尋ねるといった中身だったので、二人ともぶるった、と話していました。

池上　佐藤さんがロッキードについて書いたら、もっと驚くような新事実が明らかにされるのではないですか。（笑）

佐藤　中川さんといえば、八三年の彼の自殺にもロッキードが影を落としました。あの時検察は、ロッキードからの収賄の額を二〇〇〇万円で「枝切り」したのです。運輸政務次官だった佐藤孝行は、二〇〇万もらったから逮捕されました。でも、一〇〇万円とか一五〇万円とかを受け取った政治家はいっぱいいて、中川一郎もその一人。この枝を切った後の情報は、後に総理になった福田赳夫が握っていて、陰に日向にカードとして使った。「君には例の件があるからなあ」と。

池上　情報を握られた政治家は、気が気ではないでしょう。

佐藤　まさに「ロッキードの亡霊」です。中川さんは、それがいつニュースになるか分からないと常にびくびくしていて、それも精神を病む一因になったと言われています。

「池上彰」が生き残った本当の理由

池上　ところで、今でこそいろんな意味で存在感のある検察ですが、当時はまったくの「眠れる検察」だったんですね。本当に何にもやっていなかった。

佐藤　地検特捜部といっても、もともと旧日本軍が貯蔵していた「隠退蔵物資」を摘発する部局ですから、隠匿物資がなくなったら寝ていてもよかった。

池上　ところが、政界を揺るがす大疑獄事件がアメリカで発覚してしまったから、これはもう本気にならざるを得なくなりました。

　メディアも同じです。やはりアメリカでは、大統領選のさなかにニクソン陣営が民主党全国委員会本部に盗聴器を仕掛けようとしたことに端を発した「ウォーターゲート事件」が政界を混乱に陥れ、一九七四年にリチャード・ニクソン大統領が辞任に追い込まれました。大統領の陰謀を暴くうえで、ワシントン・ポスト紙が大きな役割を果たしたことは知れ渡っていましたから、日本のメディアも「それにひきかえ」と言われるわけにはいきません。各社が必死になって、独自取材を始めたわけです。

ところが、お話ししたような「眠れる検察」はみんなノーマークだったので、〝ヤサ割り〟ができていなかった。要するに、夜討ち朝駆けしようにも、東京地検特捜部の検事の家がどこにあるのか、誰も知らないのです。（笑）

佐藤 今では検察幹部の自宅住所を把握していない報道機関はいませんから、信じられませんね。隔世の感がありますね。

池上 こんなこともありました。後に国会で証人喚問され、有罪判決も受けた丸紅の大久保利春専務の自宅が分かったので、ＮＨＫの記者とカメラマンが行ってみたのです。いずれ地検に呼ばれるかもしれないから調べておこうということで。そうしたら、たまたま大久保が家から出てきたから、一応映像を撮っておいた。ところが、いずれどころか、なんとその当日に逮捕されてしまったのです。結果的にＮＨＫのニュースは、「スクープ映像」付きになりました。他社は、みんなＮＨＫは大久保が逮捕されることを事前に摑んでいたのだろうと思ったわけですが、実はそうではなかった。

佐藤 でも、そう思わせておいて損はありません。

池上 ただ、依然として地検サイドからはなかなか情報が取れないので、大久保のように疑わしい人物の家の前には、軒並み張り番だということになって、各社が全国から若い記者を動員したんですね。何を隠そう、入局三年目の私もその一人でした。

佐藤　当時は、どちらに？

池上　松江放送局にいたのですが、突然東京に召集されて、毎日「どこそこへ行け」と。そこに集まっている新聞各社の人と名刺交換すると、みんな地方支局の人間でした。田中逮捕の当日には田中の友人の国際興業社主だった小佐野賢治の家に行って、インターホン越しに「小佐野さんいらっしゃいますか？」「今朝から体調を崩して寝込んでおります」というやり取りをしたことを覚えていますよ。

佐藤　国会の証人喚問で繰り返した「記憶にございません」が流行語になりました。

池上　児玉誉士夫の家の前にいて、中の人間から水を掛けられそうになったこともあります。私のいない時でしたけど、日活ロマンポルノの男優が小型飛行機で小佐野邸に突っ込むなんていう「自爆テロ」まであった。

佐藤　児玉誉士夫は、キーマンでありながら結局逃げ切りましたよね。病気を理由に国会にも出てこなかったし。それにしても、ロッキード事件絡みでは、本当にいろんなことが起こりました。

池上　私事で恐縮ですが、私は経済学部卒だったから、将来はＮＨＫの経済部に行きたいな、と漠然と考えていたんですよ。でも、あの時ロッキード事件に駆り出されて、社会部の記者たちの活動を見るにつけ、根が単純だから「カッコいいな」と。それで社会部に志望を変えたのです。「政治部に来ないか」という誘いもあったのですが、社会部志望を貫きました。

佐藤　NHKの政治部は怖いですからね。記者を特定の政治家とくっつけて、浮くも沈むもその政治家次第。運次第。NHKは組織として生き残ればいいのだから、誰かは生き残った政治家とともに浮上すると。それで残った記者が仕事をすればいいという感じでしょう。

池上　角栄が失脚したとたん、田中番だった記者たちは、「後進の育成」を名目に、全国各地にデスクとして異動していきました。

佐藤　……恐ろしい。いずれにせよ、ロッキード事件がなかったら、今の池上彰もなかったわけですね。

池上　恐らくこの場にはいなかったと思います。

蓄財のためではなかった「角栄のカネ」

佐藤　ロッキード事件は、角栄が首相を降りてから発覚しました。七四年暮れに退陣を表明した直接の原因は、「田中金脈問題」でした。

池上　今でいう「文春砲」を浴びたのですが、スケールが違った。その年の十月に発売された月刊『文藝春秋』にジャーナリストの立花隆と児玉隆也の合計六〇ページに及ぶルポが掲載されたんですね。前者は角栄の資産形成の手口を、後者は角栄の秘書で、田中の後援会・越山会の「金庫番」と言われた佐藤昭との関係などを暴いたものでした。

角栄自身は、佐藤昭という存在が書かれてしまったことの方に、より衝撃を受けたと言われています。金脈問題は、そんなにたいしたことではないだろうと高をくっていた。

佐藤　日本のメディアもあまり騒がなかったのです。当時の「政治とカネ」の状況からすれば、「さもありなん」という感じだったから。

池上　そうです。政治の世界では、今では信じられないくらい露骨に「実弾」が飛び交っていました。例えば、当時、中選挙区の群馬三区には、中曽根康弘、福田赳夫、小渕恵三がいました。選挙が始まると、それぞれの事務所の横に、毎回プレハブ小屋が建つんですね。そして、そこで支持者たちに食事を提供する。「福田食堂」「中曽根レストラン」などと呼ばれていて、「ただ飯」を食わせるのです。もちろん、立派な選挙違反ですが、群馬県警は知らん顔（笑）。そんな光景が、全国津々浦々に広がっていました。

佐藤 選挙は「祭り」の感覚でしたからね。祭りに御祝儀はつきもの（笑）。政治家が多少汚いやり方で金を作るというのも、ある程度、許されていた。

池上 ところが、あにはからんや、角栄は十月末の外国人記者クラブの会見で金脈問題の質問攻めに遭い、翌日各紙が記事にした。その結果、一気に風向きが変わって、内閣総辞職に追い込まれてしまったわけです。まあ、ひとことで言えば、田中角栄はちょっとやり過ぎた。

佐藤 それでも、金脈問題で止まっていたら、まだ復活の目はあったのかもしれません。ロッキード事件で、返り咲きの夢はついえました。

それにしても、河川敷を利用した「錬金術」は見事でした。

池上 二〇一九年の台風一九号で、長野県を流れる千曲川が氾濫して、大きな被害が出ました。あの千曲川が新潟県に入ると信濃川になります。やはり氾濫しやすかったわけですが、そんな川の河川敷をある日突然、「売ってくれませんか？」という会社が現れた。しょっちゅう水に浸かる利用価値が低い土地だから、地主たちは喜んで売りました。ところが、その直後、当時の建設省が堤防工事を行うことになり、河川敷は水没することのない一等地に早変わりです。

佐藤　角栄のファミリー企業群がおよそ五五〇〇万円で取得した土地が、八十数億円にハネ上がったと言われています。

池上　上場直前の優良企業の株を手に入れるような「インサイダー取引」です。ただし、田中角栄が他の人と違ったのは、そんなことまでして金を作りながら、それが自身の蓄財のためではなかったことです。本物の苦労人であるがゆえに、人間心理をよく摑んでいた彼は、自分のやりたい政治を実現するためにお金を使いました。

佐藤　もっとも一部は自分の家族のために残したと思います。佐藤栄作は、自分の後釜として田中と福田を競わせました。ただ、腹の中では、福田で決めていたのです。角栄としては、福田の後塵を拝するわけにはいかない。ならば、形勢をどう引っくり返すのか。俺には金以外の武器はない、というドライな割り切りもあったのだと思います。

池上 その使い方がまた、上手だった。例えば、越山会の人たちが、密かに地元で集めたお金を、目白の「田中御殿」まで持っていく。そうすると、「いや、ご苦労さん」と言って、そのかなりの部分をがばっと摑んで、参上した人に渡すわけです。誰もが、この人のために頑張ろう、という気持ちになるでしょう。

あるいは、政治家などとの密会のために料亭にいけば、下足番に当時のお金で一万円を渡す。そうすれば、新聞記者が「誰と会っていたんですか?」と聞いても、絶対にしゃべりません。

佐藤 その保険は、ちゃんと効くのです。でも、一方でけっこう陰険なお金の使い方もしていたんですよ。角栄にかわいがられていた鈴木宗男さんは、そのあたりについても間近で見ていました。角栄は、当時赤坂にあった二軒のラブホテルの鍵番のおばさんにも「献金」していたのだそうです。それで、政治家や高級官僚が女性を連れ込んだら、その情報を届けてもらう。それを持って、「よっ、先週は頑張ったね」と、当事者を暗に脅すわけ。(笑)

池上 それは、政治家にとって、ある意味金を受け取った現場を見られるよりも恐ろしい。(笑)

当然、政治家にも金をばらまいたわけですね。違う派閥の政治家にも、野党の人間にまで渡していた。熱烈支持にならなくても、敵にならなければいいんだ、という発想だったのでしょう。

佐藤　政権の中枢に食い込んでからの角栄は、「政」の世界だけでなく、「官」も金の力で動かそうとしました。

池上　大蔵大臣になった時には、職員全員に高級ネクタイをプレゼントして、大蔵省全体を買収したと言われました。

佐藤　ただ、金の力で全てを抑え込める時代が転換点を迎えているというところは、見誤ってしまった。

池上　だから、最後は、その金が命取りになってしまいましたよね。

佐藤　政治家の露骨な「カネ問題」に一つのけじめをつけるという意味では、田中角栄という人は、時代的にちょうど必要な存在だったと言えば、言い過ぎでしょうか。

パチンコ好きのおじさんが鉄火場に行くような失敗

池上　田中角栄は、一九七二年に首相として中国を訪問し、周恩来や毛沢東と会談して日中国交正常化を果たしました。角栄の外交については、佐藤さんはどう評価しているのですか？

佐藤　日中交渉に関して言えば、分かりやすい表現をすれば、パチンコしか知らないおじさんが鉄火場に行って失敗したようなものです。日中国交正常化でアメリカを出し抜き、特にキッシンジャーに田中は危険な人物だとの印象を与えた。ロッキード事件でアメリカは角栄を守ろうとしなかった。そんな感じです。

池上　かなり辛口ですね。そう思うのは？

佐藤　日中国交正常化に大きな意義があったことは、論を俟《ま》ちません。ただし、ちょっと早過ぎた。アメリカはもう少し時間をかけつつ、「二つの中国」の可能性を模索しようとしていたのですが、日本が「一つの中国」、すなわち中華人民共和国と国交を開き、中華民国とは断絶する、という方向で突っ走ってしまったために、それに追随せざるを得なくなりました。自分たちが選択できる外交の幅を、日本に狭められてしまったのです。

池上　「二つの中国」は、中国と台湾双方を国として認め、それぞれと国交を結ぶということですね。当時それが実現していたら、今のアジア情勢はかなり違ったものになっていたように思います。

佐藤　ジャーナリストの春名幹男さんは、著書の中で、そういう日本の先走りに憤ったアメリカ、中でもニクソン政権の密使として米中交渉に携わっていたヘンリー・キッシンジャー国務長官が、憎悪からロッキード事件で田中を「刺した」という見方を示しています。ただ、私は少し違うと思うのです。キッシンジャーのような人物が、「先を越された」というような単なる憎悪や恨みからそんなことをするはずがない。グレートゲームに入る資格のない日本が、国際政治のルールを作るようなことをすると世界秩序が不安定になると警戒したのでしょう。

池上　これも誤解があるのですが、チャーチ委員会で暴露されたのは、日本への賄賂だけではありません。ロッキード社は世界に販路を拡大するために、ヨーロッパ諸国でも同じような工作をしていました。例えばイタリアでも、政界に対する捜査が行われているのです。だから、田中角栄を狙い撃ちにしたという陰謀論は、根拠が薄いと言わざるを得ないと思います。

佐藤　私も陰謀論に与《くみ》するものではありません。ただし、当時のアメリカが日本に対して、「プロ同士が相まみえる鉄火場に素人が入ってきて、何をやっているんだ」という強い危機意識を持っていたのは事実だと思うのです。

池上　憎悪を超えたレベルのもの。

佐藤　そうです。結局、日中交渉にしても、日ソ交渉にしても、彼にとっては舞台が大き過ぎたのだと思うのです。

池上　角栄は七三年にソ連を訪問し、日ソ共同声明を出すのですが、領土問題についての具体的進展などはありませんでした。

佐藤　日中も日ソも、外交を内政の延長線上でやってしまった。明らかに田中角栄の「暴走」だったと思います。

池上　話をしていて思い出したのですが、確か日中国交正常化の時に、「まだ早過ぎます」と反対した外務省の役人が飛ばされましたよね。

佐藤　そもそも、当時外務省の主流派は全員反対だったのです。それで、角栄は橋本恕（ひろし）中国課長と組んだのです。外務省という組織とやろうとしても動かないので、ダイレクトに課長のところに手を突っ込んで事を前に進めた。この手法は、後の小泉純一郎氏のミスターXとか、安倍晋三氏の北方領土交渉につながるところがあるようにも感じます。

池上　総務大臣時代に、意に沿わない課長を更迭したことを著書で「自慢」した菅義偉さんは、「怖い政治家だ」という受け取り方をされました。でも、当時の田中角栄はまさに今太閤ともてはやされていましたから、自分に反対する役人を切ったことにメディアも好意的でした。

佐藤　「暴走」とは言いましたが、田中角栄の外交は、すごく透明で裏がなかったのも事実です。佐藤栄作政権で沖縄返還交渉をやった国際政治学者の若泉敬、三木武夫政権の外交ブレーンだった元外交官の平沢和重のような「密使」を使わなかった。全部自分が乗り込んでいって片を付けるという、いわば「忍者のいない外交」でした。

池上　確かにそうです。

佐藤　だから、日中国交正常化の過程は、きちんとトレースすることができます。一九五六年の日ソ国交正常化とか、沖縄返還とかはトレースしきれないのです。若林敬が著書『他策ナカリシヲ信ゼムト欲ス』を刊行し、日米間の密約の存在を示唆していますが、中身がすべて真実なのか、誰も確認できないわけだから。

池上　裏は取りようがないですね。

佐藤　外務省の田中均アジア大洋州局長が、素性の知れない北朝鮮の「ミスターX」と秘密交渉を重ねた小泉政権の時の日朝国交正常化交渉は典型です。それに対して、田中角栄はきちんと記録を残したし、ガラス張りで民主的な外交を実践した総理だったということは言えるでしょう。裏を返すと、秘密外交ができなかったということにもなるのですが。

角栄が作り出した永田町の「戦国時代」

池上　田中角栄が政治家としての絶頂にあった一九七〇年代というのは、ポスト佐藤栄作をめぐって「三角大福」(三木武夫、田中角栄、大平正芳、福田赳夫)が激しく競い合った時代でもありました。

佐藤　七八年暮れの自民党総裁選では、優勢を伝えられていた福田を角栄の「田中軍団」が蹴散らして、大平を勝たせた。敗れた福田は「天の声にも変な声がたまにはある」という名言を残しました。日本の歴史になぞらえれば、あの頃は戦国時代です。

池上　角栄のすごいところは、ロッキード事件で逮捕されて自民党離党を余儀なくされた後も、田中派を拡大させつつしっかり掌握して、政界に絶大な影響力を行使し続けたことです。

佐藤　激しい派閥抗争の中で角栄が見定めていたのは、自らへの忠誠心でした。多少能力が劣っていても、忠誠心のある人間を重用したわけです。

池上　能力があって忠誠心の薄い人間には、いつ寝首をかかれるか分かりませんから。だから角栄は、後継者も育てようとはしませんでしたね。

佐藤　育てられなかったというのが、より近いのではないでしょうか。佐藤栄作が長期政権を築けたのは、福田と田中を競わせて自分に刃が向かないようにしながら、時期が来れば禅譲しようという余裕があったからです。派閥抗争華やかなりし時代には、それはなかなか難しい。まあ、佐藤栄作も、さっきも言ったように思惑が外れて田中政権の誕生を許し、戦国の世を呼び込んでしまったのですが。

池上　しかし、さしもの鉄の団結を誇った田中軍団も、時を経るにつれ内部での角栄の求心力低下は否めませんでした。一九八五年には、竹下登を中心とする派中派の「創政会」ができ、金丸信、橋本龍太郎、小沢一郎といった面々が参加しました。それを核に旗揚げしたのが、竹下「経世会」です。ちなみに角栄自身は、創政会発足直後に脳梗塞で倒れ、行動障害などが残る状態になっていました。

佐藤　ただ、経世会も禅譲で生まれたものではないから、やっぱり「戦国文化」なんですよ。抗争に次ぐ抗争の末に、小沢、反小沢に分裂してしまいました。

ＮＨＫ、戦国時代の恐怖

池上　その経世会の話になると、私はＮＨＫ時代を思い出すんですよ。当時、報道番組部長時代に「ニュースセンター9時」「ＮＨＫ特集」をスタートさせたシマゲジこと島桂次という会長が君臨していて、その下に週刊誌に「エビジョンイル」と書かれた「辣腕」の海老沢勝二がいました。その海老沢氏があまりにも力を持ち過ぎたために、シマゲジがラインから外したわけです。そうしたら、海老沢氏の下の鉄の軍団が動いて、逆にシマゲジの追い落としに成功します。そこまでは良かったのですが、今度は二〇〇四年に制作費不正支出問題などで海老沢体制ががらがら崩れると、下にいた人々も生き残ることができませんでした。

実は、私も暗に「派閥」に誘われることはあったのですが、出世には興味がなかったので、結果的に「無派閥」だったことが奏功して、何の怪我もせずに済んだのですが。（笑）

佐藤　だから、「社長派」や「専務派」にどっぷり漬かるのは、危険なのです。（笑）

池上　それにしても、脳梗塞で倒れたこともありますが、田中時代の終わりは寂しいものがありました。

佐藤　ロッキードで捕まった時にも、友達として助けてくれる人がいなかったでしょう。「鉄の結束」とはいっても、そこにあるのは利害関係です。ですから、今までのボスが弱ったとみるや、雪崩を打ってみんな新しいボスの下に去っていく。

池上　さきほど「忠誠心を見ている」とおっしゃいましたが、そういう利害関係しか築けなかったのは、やはりボスの「責任」ですよね。いみじくも、かつて娘の田中真紀子氏が外務省幹部に向かって言い放った「人間には家族と使用人と敵の三種類しかない」という発想だったのでしょう。

佐藤　相手にも、そういう本心はしっかり伝わりますから。付言すれば、そういうことを思っていても、口に出さないことが重要なのです。つい口走ってしまうところは、二世の限界と言うしかありません。

友達がいないビジネスパーソンは危ない！

池上　田中角栄の人生から学ぶべきことも、多岐にわたりますね。例えば人に頼まれて何かをやった時に、誰しも「お礼」を期待するわけです。そこには、自ずと「相場観」があるでしょう。ところが、角栄の場合には、その世間の相場をはるかに超えたお礼をする。まるで「謝礼の倍返し」のように（笑）。もらった方は、一瞬驚き、喜ぶのだけれども、実は知らずしらずそれが「重荷」にもなっていく。

佐藤　文化人類学者、マルセル・モースの『贈与論』ですね。返せないほどの贈与をされると、それが権力関係になっていくのです。

池上　相場の返礼ならば、「私がやってあげました」になるんですよ。しかし、想定外のものを返されると、そうはなりません。申し訳なくて、強くは出られなくなります。

必ずしもお金ではなくても、人間関係において、こういうことは起こると思うのです。面倒臭い相手には、逆に期待以上のものを渡しておいて、自分に近づけないようにするとか。

佐藤　会社で仕事を頼まれたら、必ず相手の期待値を超えた成果物を返すようにする。あるいは、毎回、期限や納期の前に仕上げてさっさと渡してしまう。そうすれば、嫌な上司に絡まれることも少ないでしょう。

上が信頼できる人物である、あるいはいい関係を保つのが自分の利益になると考えられる場合には、ある程度分かる形で忠誠心を示すようにすべきでしょう。これは、「角栄サイド」から考えてみれば分かることで、上司は無能すぎる部下にも困るけれど、有能で忠誠心のかけらもない下が、最も嫌なのです。

池上　忠誠心を示すといっても、イエスマンに徹したりすることだけではないんですね。例えば、今おっしゃったように、上司のためにその期待以上の仕事をするというのも、立派な忠誠心ですから。ただ、そういうところで「こいつの忠誠心は疑わしい」と誤解されないようにする。

佐藤　そういうことです。

池上　一方で、周囲が挙げて忠誠心の競い合いをしているような組織も、違う意味で心配です。そういうところでは、往々にして首脳陣の覚えはめでたいけれど、能力はイマイチの人物にポストが禅譲される結果、どこかの国の大企業のように、次々に組織が劣化して駄目になっていく。自分のいるのがそういう場所だと気づいたら、真剣に転職を考えた方がいいかもしれません。

佐藤　派閥抗争に関しては、何度も言いますが、上がどうなっても大丈夫なように、きちんと保険をかけておくことです。

池上　「私は出世には興味がありません」というスタンスで中立を保っていることが、最強の保険になることもあります（笑）。自分の属している組織の「風土」をしっかり理解しておくことも大事ですね。

佐藤　とりあえず長期安定なのか、それとも戦国時代に入っているのか。

池上　そうです。もし、上が失脚したら、くっついていた人間たちも丸ごとラインから外されるというような組織ならば、特定派閥にどっぷり肩入れするのは、危ないことです。

佐藤　反面教師として田中角栄から学ぶべき最大のものは、「友達を作りなさい」ということではないでしょうか。例えば、帝大を出て高等文官試験の外交官に受かっているような人物が友達にいたら、日中国交正常化に前のめりになった時、「田中君、君の行こうとしているのは、鉄火場なんだよ」とアドバイスしてくれたかもしれません。検察やメディアに真の友人がいたら、自分の身を守る様々な情報をもっとキャッチすることができたと思うのです。

池上　真の友人というのは、利害関係のない人たちということですね。

佐藤　そうです。残念なことに、社会に出てからの人間関係は、どうしても利害が絡んできます。重要なのは、学生時代に築いた無垢の関係です。角栄も中央工学校を卒業して建築事務所で働いている時には、業界にそういう友人がいて、何かあれば助けてくれたと思うのです。しかし、彼はその世界から飛び出して全く別のゲームに参加する道を選び、そこで頭角を現していく。気が付くと、周りは抜き差しならない利害で結ばれる人間だらけになっていたわけです。

池上　そのように考えると、言葉は変ですが、かわいそうな人間だった感じがしますよね。

佐藤　かわいそうですよ。無理を重ねて巨大派閥を作り上げたのに、最後はみんなが寝返って、それこそ味方は家族だけみたいになってしまったのですから。

池上 利害関係のない友人をたくさん作れ。学生時代の友達を大切にしろ。大事な教訓だと思います。

【生き延びるための秘策2】

友達を大事にしよう

◎何かを頼まれた時には誰しも「お礼」を期待する。田中角栄は相場観を上回る「お礼」をしてたくさんの人びとの気持ちをつかんだ。謝礼の倍返しはとても有効だ。

◎仕事を頼まれた時、相手の期待を超えた成果物を出すか、毎回、期限前に提出するといったことを続けると、嫌な上司にも睨まれなくなる。

◎上司が最も嫌いなのは、仕事ができて忠誠心がかけらもない部下だ。上司がまともな人間なら、ある程度の忠誠心を分かる形で示すことが安全保障になる。

◎といっても、忠誠心を競い合っているような組織は非常に危ない。たいして仕事もできないのに、首脳陣の覚えがめでたいというだけの理由で出世できる組織は要注意だ。長期的にみれば屋台骨が危うくなる。転職も視野に入れよう。

◎自分のいる組織が長期安定型なのか、戦国時代型なのかを冷静に見極めよう。

◎派閥抗争は、いつ「派閥の長」が崩れるか分からない。どちらかにだけどっぷりつかるのは危険と心せよ。
◎池上彰流、「出世には興味がありません」に徹することで生き残る道もある。
◎友達を大事にしよう。利害関係のない友達が組織の内外にいれば、危うい橋を渡るときにはちゃんと忠告してくれる。「君の行こうとしているのは、鉄火場だ。絶対やめろ」と言ってくれるのは、利害関係のない友達だけだ。
◎間違っても「人間には、家族と使用人と敵の三種類しかない」などと言わないこと。そう思うこと自体にも問題があるが、もっと問題があるのはそんなとんでもない本音を口にする迂闊さだ。

第三章

ドナルド・トランプ

部下が使えないと思ったら

Donald John Trump（一九四六―　）

アメリカ合衆国第四五代大統領。不動産業を経て、ビジネス・リアリティ番組「アプレンティス」の司会として知名度を高める。二〇一六年に「アメリカファースト」を掲げ、共和党から出馬。二〇一七年から二一年まで大統領。「アプレンティス」の決めぜりふ「You're fired!（お前はクビだ）」を地で行き、政権運営においても閣僚や高官を頻繁に交代させ、政権内部の暴露本が次々に刊行された。

Q 課長職です。自分の課の若手がとても受け身的で、言われたことしかしません。自分から積極的に仕事をする姿を見たことがありません。昭和生まれの自分には信じられないのですが、だからといって厳しくし過ぎればパワハラ認定される時代です。隣の課は若手も一生懸命働いているので、世代の違いとだけは言い切れないようにも思います。どうすればいいでしょうか。

A 人を信用しろ。部下に恨まれるな。

池上　この章のお題は、部下がみんな無能で困る――とぼやく中間管理職のお悩みです。

佐藤　「どいつも、こいつも使えない」。こんなふうに感じている中間管理職は多いことでしょう。でも、だからこそあなたに仕事があるんですが、それはともかく、こういう人には、ぜひドナルド・トランプ大統領を参考にしてもらいたいと思っています。

トランプ自身がびっくりした当選

池上　歴史には、ごく稀に「まさか」と世界中が驚く出来事が記されるわけですが、二〇一六年十一月八日のアメリカが、まさにそれでした。大統領選挙の一般投票で、共和党のドナルド・トランプが民主党候補のヒラリー・クリントンを破って、合衆国の最高権力の座を射止めたのです。

佐藤　トランプが急速に追い上げているとはいえ、メディアの予想ではクリントン優勢でした。直前の十月には、アメリカの三大放送ネットワークの一つNBCの司会者に対する「美人には無条件で惹きつけられる……気づけばキスしているんだ」で始まるセクハラ発言のテープをワシントン・ポストに公開される、という手痛い打撃を受けていましたし。

ただ、池上さんが解説を書かれた、アメリカのジャーナリスト、マイケル・ウォルフの『炎と怒り　トランプ政権の内幕』を読むと、想定外の勝利に動揺したのが、相手候補や多くのアメリカ人や世界の人々だけではなかったことが分かります。勝利が確定的になるや、メラニア夫人は涙した。

池上　そう。それはうれし涙ではなかったんですね。若き「大統領候補の妻」として好奇の目を向けられ、モデル時代の過去などが暴かれ、未公開のヌード写真までメディアの手に渡ってしまった。そんな夫人にトランプは、「一一月になれば何もかも終わる。どうせ勝てっこないのだから」と「請け合っ」ていたわけです。ところが、約束は守られなかった。

佐藤　メラニアのみならず、トランプ自身も、そして陣営のほとんど全てが、大統領選での敗北を「確信」していた。そして、そのことに利益を見出していたというから、驚きです。ウォルフは、著作にこう書きました。

負けても、トランプは世界一有名な男になるだろう――〝いんちきヒラリー〟に迫害された殉教者として。

娘のイヴァンカと娘婿のジャレッドは、富豪の無名の子どもという立場から、世界で活躍するセレブリティ、トランプ・ブランドの顔へと華麗なる変身を遂げるだろう。

スティーヴ・バノンは、ティーパーティー運動の事実上のリーダーになるだろう。

ケリーアン・コンウェイはケーブルニュース界のスターになるだろう。（中略）以上が、二〇一六年一一月八日当日に関係者一同が思い描いていた〝八方丸く収まる〟ともいうべき結末である。敗北は彼ら全員の利益になるはずだった。

『炎と怒り　トランプ政権の内幕』（マイケル・ウォルフ、早川書房）

池上　そうはならなかったので、関係者みんなが困惑してしまった。

佐藤　著書には、大統領選で最高責任者を務め、トランプ政権発足後はそのチーフストラテジストに任命されたバノンが、勝利が確定するまでの一時間に、トランプの表情が混乱から呆然、そして恐怖に変わるのを観察していた、という記述が出てきます。しかし、最後には、「突如としてドナルド・トランプは、自分は合衆国大統領にふさわしい器《うつわ》でその任務を完璧に遂行しうる能力の持ち主だ」と、みるみる〝神懸かって〟いくのを目の当たりにするわけです。このあたりの描写も、見事というしかありません。

池上　あの日、当選が決まったというのに、トランプ一家はなかなか姿を見せなかったんですね。陣営本部で勝利宣言を行ったのは、日付が変わってからの深夜になってからでした。どうしてだろうと思っていたのですが、あの本を読んで、理由がよく分かりました。要するに勝つことを全く想定していなかった。トランプは、「こんなのは不正だ」という敗北のスピーチまで用意していたといいますから。

佐藤　非日常を日常にしてしまったような政権の四年間が、そもそもそんな不測の事態からスタートしていたというのも、何とも「トランプ的」というか。

ところで、『炎と怒り』がアメリカで出版されたのは、トランプ在任中の一八年一月です。大統領就任から一年半の取材をベースにしたということですが、政権の内幕にあそこまで肉薄したノンフィクションを、そんなに短時間で仕上げるのは、並大抵のことではありません。アメリカジャーナリズムの力量というものを、あらためて痛感させられるとともに、情報を漏らす人間が内部にいくらでもいることを示しています。

池上　これは解説にも書いたのですが、今の選挙当日の話も含めて「そんな馬鹿な」というエピソードの連続なんですよ。普通そうなると、親トランプ派ならずとも「書かれているのは真実なのか？」という疑問も湧くでしょう。

それを払拭させるのに有効なのが、事実に迫った者にしか書けない「秘密の暴露」です。例えば、トランプが寝室の内側に鍵をつけさせたことや、そこにテレビを新たに二台入れさせて、常に三台のテレビ画面を見ながらハンバーガーを食べている、といった話。

佐藤　トランプの娘が友人に語った、あの特徴的な髪形の理由と「仕組み」の解説もありました。

池上　そうです。文字通り「神は細部に宿る」で、そこまで「暴いた」ことが、取材者が確実に相手に食い込んでいること、すなわち本物のノンフィクションであることのこの上ない傍証になっているのです。

前人未到のスゴイ外交

佐藤　トランプの政治を言い表すとしたら、強権、混乱、分断……なかなかポジティブなイメージは湧かないわけですが、唯一と言っていいのか、外交に関しては見るべきものがあったと思うのです。

池上　練りに練った戦略を実行した、というわけではなかったけれど、それがかえって「結果オーライ」だった。中東に手を突っ込んだ時には、どうなることかと思いましたが。

佐藤　中東に関しては、二重の意味でトランプに「やられた」という感じがします。私自身もそうなのですが、イスラエルの国力を考えれば、あの地域での「勢力再編」は必要だと、頭では分かっていたのです。アメリカ大使館をテルアビブからエルサレムに移すとか、あるいはアラブ穏健派のいくつかの国がイスラエルと外交関係を結ぶべきだとか。

分かってはいたのだけれども、そんなことをすればパレスチナ住民によるインティファーダ（蜂起）が起こるのではないか、へたをすると第五次中東戦争になるのではないか、という今から考えればステレオタイプの思いにとらわれて、多くの外交の専門家たちは、口にすることさえできなかったのです。ところが、それをトランプは一刀両断でやってしまった。

池上　大統領選の公約通りに、大使館をエルサレムに移転させました。そして、驚くべきことに、ほとんど何も起きなかった。

佐藤　誰あろうイスラエル自身が、相応の反撃を覚悟していたと思うのです。私も、いろんなメディアで警告を発していたのですが。（笑）

池上　私も、当然インティファーダは起きるだろうし、周囲のアラブ諸国がパレスチナに味方して大ごとになるだろうと思っていました。
でも、そもそもトランプになぜそんな大それたことができたのか？　その謎も、あの本を読むと解けます。彼は、外交について何も知りませんでした。「パレスチナ問題」に関しても、歴史的経緯も何も頭の中になかったのです。少しでも勉強していたら、少なくとも自分が大統領の時には手を付けないでおこう、と考えたはずです。

佐藤　日露関係については、アメリカ大統領なのに日露戦争を知らなかったそうです。トランプ外交においては、おっしゃるような「知らない強さ」が存分に発揮されました。日本に直接関わることでは、北朝鮮との「対話」もそうです。北朝鮮は、二〇一七年に二度にわたって日本の上空を通過して太平洋上に落下する弾道ミサイルの発射を行うなど、米朝間でも緊張が高まっていました。

池上　トランプは、金正恩のことを「ロケットマン」などと呼んでいた。

佐藤　ところが、翌一八年の六月には、シンガポールで電撃的な米朝首脳会談が開かれます。そして、一年後の一九年六月三十日、今度は板門店に出かけて、何の躊躇いもなく三八度線を越えて北朝鮮側に入り、金正恩とにこやかに握手したわけです。アメリカと北朝鮮は、首脳会談を行ったとはいえ、いまだ「交戦中」です。国家承認していない国に行って、相手のトップと記念撮影に収まるなど、大統領としてあり得ないはずなのに。

池上　混乱をきたしたのは、周囲だけ。本人はいたってご機嫌でした。

佐藤　でも、金正恩と「蜜月関係」を築いたことで、核戦争の危機さえ取りざたされていた朝鮮半島の緊張緩和に、一役買った。しっかり実も取ったのです。トランプがアメリカ史上、最も戦争が嫌いな大統領だったことは確かでしょう。

池上　二〇一八年に、化学兵器の使用が疑われたシリアにミサイルを撃ち込む前に、アサド政権を支援していたロシアに対して、「新型ミサイルがやって来るから準備しろ」とツイッターで「予告」したこともありました。

佐藤　「核なき世界」を宣言したバラク・オバマが、結局は各地で戦線を拡大させたのとは大違い。米ソの核戦争を寸前で回避したというジョン・F・ケネディだって、その一触即発を招いた責任は重大です。これらの大統領と比べればトランプは平和的でした。

基本的に血が流れるのは見たくない。目の前の相手とは、ひたすらディール（取り引き）に徹して、最良と思える道を探る。トランプに外交戦略があったとすれば、そういうものだったのではないでしょうか。

池上　トランプ自身はそうだったのだと思います。それがいくつかの場面でハマって、閉塞状況に風穴を開けることに成功しました。ただ、政権としての基本方針というものがあまりになさ過ぎたために、やはり行き当たりばったりの感も否めなかった。

佐藤　例えば、トランプの掲げた人権政策もそうでしたね。新疆ウイグル自治区の少数民族問題とか、北朝鮮の拉致問題とかで頑張ったじゃないか、と言われましたが。

池上　それは違うと思います。

佐藤　日本でも、「ウイグルの人権問題でもっと中国を追及しろ」とこぶしを振り上げる保守派を中心とした人たちがいます。そういう人たちにとって、トランプは「希望の星」でした。

ちょっと脱線しますが、彼らは、人権が普遍的なものだということを、はたして理解しているのでしょうか？　日本版「グローバル・マグニツキー法」を作れと言うのはいいけれど、それでは、収容者を医療も受けさせずに病死させてしまうような日本の法務省出入国在留管理庁は、今のままでいいのか？

池上　「グローバル・マグニツキー人権説明責任法」は、アメリカ政府が、世界のあらゆる場所で人権侵害に関与した外国の政府高官を制裁できるという法律です。二〇二〇年七月には、ウイグル自治区での人権侵害に関与したとして、中国の当局者四人に制裁を科すと発表しています。

佐藤　こぶしを振り上げていて、逆に慰安婦問題や徴用工問題が、「人権」という形で降ってきたら、大丈夫なのか？　世界に立ち遅れているジェンダー問題は、「人権問題」ではないのか？　「ウイグルの」というふうに選択的に人権を扱うことの危険性が、そういう人々には全く見えていないと思うのです。

話を戻せば、選択的だろうが何だろうが中国の人権問題に熱心な大統領に対して、ともあろうにあるジャーナリストが、「トランプは、人権には無関心です」とテレビ番組で発言しました。すると、「けしからん奴だ」と大炎上した。

池上　私のことですね。あれは凄かった。テレビ局に抗議電話するならまだしも、番組のスポンサーに電凸するのです。おかげで数社のＣＭは、一時期ＡＣジャパンのに差し替えになりました。

佐藤　現職の国会議員、すなわち国家権力の一翼を担う人間が、池上彰氏は「降板すべき」などと発言していましたからね。世も末です。

池上　トランプ大統領の人権感覚について述べておけば、私が日本語版の解説を書いた

『ジョン・ボルトン回顧録　トランプ大統領との453日』には、例えばこういう記述があります。

（略）翌年（注：二〇一九年）6月の大阪G20サミットでは、通訳しか同席しないオープニングディナーの席で、習近平は自治区に強制収容所を建設するそもそもの理由をトランプに説明した。米国側の通訳によれば、トランプは、遠慮なく収容所を建設すべきだ、中国がそうするのは当然だと思う、と答えたという。

『ジョン・ボルトン回顧録　トランプ大統領との453日』
（ジョン・ボルトン、朝日新聞出版）

トランプが、文字にならない外交交渉の席でそんなことを言いながら、国に帰ると「対中強硬姿勢」を見せたのは、来るべき大統領選で再選を果たすためだった。それが、米中問題に詳しい多くの専門家の見立てなのです。

佐藤　ボルトンは、トランプ政権で大統領補佐官を務め、解任された人物で、この「暴露本」も側近ならではのリアリティに満ちています。

池上　彼は、トランプに呼ばれた時からいずれクビになるだろうと思っていましたから。克明にメモを取っていました。

それにしても、当時私が一番驚いたのは、あのトランプを熱狂的に支持する人たちが日本にもこんなにいたんだ、ということです。その点では、大いに認識を改めさせられた経験でした。

「瞬間芸」と「下品力」は身を助く？　が、常人には難度が高い

佐藤　トランプ大統領は、家族も含めて個人的なスキャンダルにも事欠かない人物でした。しかし、ことごとく柳に風のようにやり過ごしてしまう。

池上　もし、ジョー・バイデンが、過去にトランプがしていたような、例えば女性絡みのスキャンダルを明るみに出されたら、間違いなく一発退場でしょうね。

佐藤　トランプの強みは、自分の下品さを隠そうとしないところです。極め付きが、大統領選の共和党予備選挙でのマルコ・ルビオとのやり取りです。トランプに「小さなマルコ」とからかわれたルビオが、「あなたは、体の割に手が小さいですね」とジョーク

で応戦したんですね。アメリカには、手足が小さいと男性器も小さい、という迷信があるわけです。

それに対してトランプは、「自分のモノには何の問題もない」と堂々と反論しました。そうしたら、「トランプは自分の男性器のサイズを擁護」というヘッドラインがオンライン上に拡散した。

池上 立派な争点になってしまった。（笑）

佐藤 結局、その討論会のあったフロリダ州でルビオは敗れ、選挙から撤退しました。品性下劣で何が悪い、というがごときトランプの「下品力」を甘く見て、つい余計なことを口走ってしまったと言われても、仕方ありません。

そういう感じなので、ロシアで売春婦を集めて〝ゴールデンシャワー〟をやったとか、やはりポルノ女優に金を払って関係を口止めしようとしたとか、合衆国大統領に到底あるまじき過去をほじくり返されても、「あの人ならやりそうだ」で済んでしまう。

池上 そういう話が積み重なるうちに、誰も驚かなくなってしまいました。一九八〇年代に登場したロナルド・レーガンは、政権がミスを犯しても人気が落ちない、すなわち傷が付かないところから、「テフロン大統領」と呼ばれていました。「下品力」とは違いましたが、似たところがあるかもしれません。

池上　ずっとテレビ番組をやっていただけあって、切り返しは上手ですよね。例えば、「もともと民主党員だったではないか」とつっこまれると、「俺は日々進化しているんだ」と上手にかわして、相手に反撃の機会を与えない。

佐藤　そういう〝瞬間芸〟は、れいわ新選組代表の山本太郎氏なども上手ですね。かつて、あるジャーナリストに「れいわ新選組と言うけれど、その由来となった新撰組は、旧幕府軍の一員として戦った守旧派ですよね。反自民勢力の党名には似つかわしくないのでは？」と追及されると、山本氏は「維新と言いながら、政権の補完勢力になっている政党もありますから」と答えていました。

池上　そのジャーナリストとは、私です（笑）。選挙特番で、確かにそういうやり取りがありました。「だから気にしなくていいです」と返されて、啞然とするしかなかった。

佐藤　トランプ的要素がない人には、できない技だと思いますよ。

付言すれば、お笑い芸人の人気が高いので、瞬間芸を身に着けようとする若い人が少なくありません。ただ、どんなに面白い瞬間芸も、上司への切り返しで披露すれば命取りになる危険もあるので要注意です。上司はなんでも言っていい同級生ではありません。

池上　トランプ大統領の明らかな特異性としてもう一つ挙げられるのは、さきほどのスティーブ・バノンもジョン・ボルトンもそうですが、登用した側近と意見が対立したり、それ以前に自分より少しでも目立ったりすると、速攻でクビを切ったことです。『炎と怒り』には、長電話でスタッフの欠点を一人ひとりあげつらっては、憂さを晴らしていたトランプの日常が出てきます。

佐藤　そのことを了解して演じていたのか、それとも本質的にそういう人だったのか、目立たない副大統領だったマイク・ペンスは任期を全うしました。

池上　ただ、トランプに切られても、割とみんな唯々諾々というか、「大統領の命令ですから」とすんなり辞めていきましたよね。ボルトンには、内幕を暴露されましたが。

佐藤　私は、それには、アメリカにおける大統領の存在の大きさが関係していると思うのです。やはり国民に直接選ばれたという事実は重い。そのことによって、ある種のオーラ、宗教性を帯びていると言っても過言ではないでしょう。もし、イギリスのボリス・ジョンソン首相が同じようなことをしたら、結構みんな抵抗するはずです。

池上　議会も国民も黙っていないかもしれません。

佐藤　直接選ばれた大統領は、国家主権を体現しているのです。

近代国家の主権がどういうものかと言えば、例えば徴兵して戦地に送り出すことができる。あるいは、徴税で個人の財産を獲ってくることもできる。基本的に国民の生命も財産も、国家が支配下に置けるわけです。でも、そもそも、なぜそんなことが許されるのか？　それは社会契約だとか言われても、今ひとつ腑に落ちません。

結局のところ、それを可能にしているのは、国家主権の背後にある宗教性だと思うのです。そして、大統領制の国では、そういう宗教性が一人の人格の中に宿る。

池上　なるほど。トランプは、図らずも自らが纏《まと》った宗教性を存分に活用した大統領だったと言えるかもしれませんね。どのくらいそのことを自覚していたのかは、分かりませんが。

「分断」と「炎上」を輸出した大統領

佐藤　でも、トランプの側近になったら面白そうだな、という気持ちになりませんか？

池上　「さすが大統領」とひたすら立てていれば、結構言うことを聞いてくれるかもしれません。

佐藤　うまくかみ合えば、朝鮮半島の非核化ぐらい、本当にできてしまうかもしれない。バイデンにその可能性は感じないでしょう。

池上　確かに。大統領がトランプからバイデンに交代して、ほっとした半面、〝トランプ・ロス〟を感じる人間が、反トランプ派にもいました。あの騒々しくも分かりやすい日々は何だったのか、という脱力感のような。何を隠そう、私も〝ロス〟を感じた一人です。

ただし、トランプ自身は、次の大統領選でのリベンジに燃えています。共和党内での支持は依然として圧倒的ですから、「トランプは死なず」という事実を忘れるわけにはいきません。

佐藤　大統領の座から去ったとはいえ、「トランプ現象」は現在進行形なんですね。そういう視点から、「トランプの残したもの」をきちんと検証する必要があります。

池上　「異形」などと形容されたトランプですが、その情報発信の仕方や中身も、超大国のトップとして例を見ないものでした。側近の意見も聞かずに、様々な政策の中身や大統領としての見解などをツイッターで表明してしまう。しかも、その中には、数多くの嘘や間違いが含まれていたのです。そして、あろうことかアメリカ国民のみならず、日本も含む世界の少なくない人々が、それをそのまま信じました。これこそ、トランプ現象の最たるものと言っていいでしょう。

佐藤　「バラク・オバマやヒラリー・クリントンがクーデターを企てている」といった「情報」をネット上に拡散した「Qアノン」に代表される陰謀論系の影響力が、一気に強まりました。彼らは、トランプの強固な支持基盤にもなっています。

池上　陰謀論自体は昔からあったのですが、あくまでもごく一部の「独特の世界観を持った人たちの言うこと」という感じだったのです。ところが、例えばトランプが「大統領選挙には不正があった」「勝ったのは自分だ」と言い続けた結果、共和党支持者の七割くらいがその話を信じたわけです。

佐藤　トランプの言動は、二〇二一年の初めに、支持者らが「選挙不正」を訴えて、バイデン新大統領の就任を確定させるための連邦議会が開かれていた議事堂を襲撃する、という事件につながりました。

池上　それさえも、トランプ支持派は平和裏に議場に入ったのに、左派ネットワークの「アンティファ」（反ファシスト）が突如乱入して騒ぎを起こした、などと言って歴史を書き換えようとしました。

佐藤　そういう陰謀論の面倒臭いのは、「そんなことはあり得ない」とは言えても、「一〇〇％ない」ことを証明するのには、結構骨が折れるところです。

池上　しかも、相手はそんな反論など、問題にしようとしないでしょう。さきほど大統領の持つ宗教性という話がありましたが、まさに「教祖様」の御託宣は絶対なのですから。

外交では「結果オーライ」もあったトランプ大統領ですが、アメリカ国内に目を向ければ、そういう手法の政治を貫いた結果、社会の分断を加速させてしまった。その罪には重いものがあります。

佐藤　あまつさえ「革命の輸出」ならぬ「分断の輸出」で、日本のまともなジャーナリストが一言トランプ批判をしようものなら、電凸攻撃にさらされるような状況を生み出しました。

幸いにと言うか、今はまだ「教祖様」を信仰しているのが、アメリカでも「部分」にとどまっています。ただ、これが全体に拡大するようなことがあると、かなり問題です。

池上　大統領になったバイデンが大きな失敗を犯したりすると、その引き金になるかもしれません。

佐藤　バイデン民主党政権は、トランプとは逆に、理念、価値観ありきの政治です。彼らは、基本的に自らのアイデンティティーを主張するのと同時に、相手のアイデンティティーも認めます。

一方、トランプ支持派は、自分たち以外の掟を認めません。仮にトランプ第二期政権が実現し、トランプ的なものがさらに広範に広がるようなことになると、他のアイデンティティーを持つ人たちが許されなくなっていく危険性が高まるでしょう。

池上　その恐れは十分あります。

佐藤　全体主義は、民主主義を許さない。他方、民主主義はそういう全体主義を呼び込みやすい。アメリカは、まさにこのジレンマに直面していると思うのです。

付言しておけば、だから今のバイデン政権に問題がないというのではありません。価値観外交で突き進んでいった時に、トランプのような落としどころのディールがないというのは、それはそれで非常に怖いことです。それがロシア、ウクライナ戦争で現実になりました。

池上　特に外交は、時に脅しや駆け引きも駆使するリアリズムの世界ですから、理念先行は危険ですよね。実際、バイデンが就任してから一年経ちますが、外交では目立った成果を上げられていません。

二一年末に、一一〇の国や地域に呼びかけてオンラインの「民主主義サミット」を開催しましたが、成果がいまひとつはっきりしないだけでなく、不参加の中国などの反発を招きました。北京冬季オリンピック・パラリンピックには「外交的ボイコット」で臨む方針を明らかにして、日本もこれに追随することになりました。ただ、結果的に、同盟国を追随か否かに二分することになりましたよね。八月のアフガニスタンからの米軍撤退も、その後の状況を見れば、失点と言わざるを得ません。

佐藤　ロシアも真剣に怒っています。バイデンは、二〇二一年三月にテレビのインタビューで、「プーチン大統領は人殺しだと思うか」と問われ「そう思う」と発言しました。ロシアの反体制派ナワリヌイ氏の毒殺未遂などが念頭にあったのではないかと報じられましたが、猛反発したロシア外務省が駐米大使を一時帰国させる事態になりました。

池上　大国の最高権力者を殺人者と断定するのも、かなり度胸のいることだと思いますが。

佐藤　発言の感想を聞かれたプーチンは、「バイデン大統領は、健康に留意してください。これは皮肉でも冗談でもない」と。まさに任俠映画の〝総長賭博〟の世界になってしまいましたから、修復するには相当なエネルギーが必要です。プーチンの悪口を意図的に避けていたトランプ時代から、米ロ関係は一気に悪化してしまいました。それがロシア、ウクライナ戦争という結果になった。

「言葉狩り」で圧力鍋化する社会

池上　トランプ現象というものをきちんと解明する必要があると思うのは、日本も他人事ではないからです。そもそもアメリカで「異形の大統領」が誕生したのは、なぜなのか？　アメリカ社会の分断は、トランプが作ったものではありません。もともと分断の芽があったところにトランプが現れて、その亀裂を押し広げることで自らの存在感を揺るぎないものにしていった、という構図です。

佐藤　分断は原因で、トランプは結果である。

池上　そうです。例えば、アメリカでは一九八〇年代頃から、「ポリティカル・コレクトネス」という言葉が盛んに使われるようになりました。人種や性別などの違いによる偏見・差別を含まない中立的な表現や用語を用いることを言い、それが「政治的に妥当」だという意味で使われます。そういう考え方が、ある意味やり過ぎるくらいに社会に徹底されていったわけですね。アメリカ社会は、人種差別はもちろんのこと、女性差別にも徹底して目を光らせています。ところが、そうしたポリティカル・コレクトネスの範疇からこぼれ落ちたのが、かつてアメリカを支え、強かったはずの白人男性の一部だったのです。

アメリカの建国時はともかく、現在はこれだけ格差が拡大していますから、白人男性全員が裕福なわけでも強いわけでもありません。低い生活水準に甘んじる白人男性もたくさんいるわけです。あらゆる差別撤廃を目指す中で、黒人大統領が誕生し、人口構成もヒスパニック系が増加の一途をたどり、数十年後には非白人が白人の人口を上回ると予測されています。こうした中で、プア・ホワイトといわれる南部に集住する白人男性を中心に、鬱憤が広がったのです。分かりやすい言葉で言えば、「なんだ、この野郎」という。

佐藤　外国人や女性に職を奪われるようなこともありますから。

池上　そこに登場したのが、トランプでした。彼自身は、大富豪の不動産王だったわけですが、社会に不満を募らせていた層にとっては、まさに「救世主」に見えた。トランプは、その反感をすくい上げることに成功しました。

私が特に気になるのは、二〇二一年二月の森喜朗元首相による「女性蔑視発言」以降のメディア状況なんですよ。

佐藤　東京五輪・パラリンピックの大会組織委員会会長職を辞することになるほどの、大問題になってしまいましたから。

池上　森さんの発言は問題ですし、日本社会がジェンダーの問題に真面目に取り組む必要があるのは、論を俟ちません。ただ、テレビ局の現場が、些細なことでも「これはジェンダー的に大丈夫か？」と怯えているような場面を目の当たりにすると、非常に心配なのです。

佐藤　ジェンダーやハラスメントの本質から逸れたところで、自主規制が始まっている。

池上　「言葉狩り」のようなレベルでこの問題に対処するのは、間違っているだけでなく、危険です。行き過ぎると、今後バックラッシュな形でトランプ現象のようなものを社会に呼び込む可能性があると感じるのです。例えば、威勢のいい政治家が「男が男らしくて、何が悪いのだ」と真っ向から主張したら、「そうだ、そうだ」となりはしないでしょうか。

佐藤　そういう本音を抱く人たちは、今は匿名のネット社会にバラバラに存在しつつ、交流しているわけですね。でも、表の政治の世界に結集軸が現れたなら、わっと賛同して結構な勢力を形成する可能性は、大いにあります。おっしゃるように、言葉狩りで社会が圧力鍋化するという現象は、日本も他人事ではありません。

トランプ政権に学ぶ「悪口の怖さ」

池上　それにしても、民間企業に「トランプ社長」がいたら、下は心の休まる時間がないでしょうね。

佐藤　でも、急成長したベンチャーで、オーナー経営者で、というような企業には、実際にそういうタイプがいるのではないですか。独自に決めた「愛社精神指数」を賞与算定の基準にしていたり、SNSに自社製品に対する高評価の書き込みをするよう従業員に命じていたりしたことが、週刊誌に内部告発された人もいました。

池上　いましたね。

佐藤　例えば、「会社は成長していて、給料も申し分ありません。でも、どう考えても本業とは無関係の作業を強制させられます。しかも、とても共感できないような反社会的な価値観が会社に蔓延しています。このまま会社にいるべきなのか、悩んでいるのですが」という相談があったら、池上さんはどう答えますか？

池上　「早く辞めたほうがいいでしょう」とアドバイスします。家を建てるまでは頑張る、といった目的があれば別ですが、そういう人は初めから相談に来ないでしょうから。

佐藤　ただ、そういう目的があるのならば、折に触れて社長を持ち上げるようにしましょう、成果を上げてもそれを自分のものにせずに、黙って上に渡しましょう、ということは、心に銘記しておくべきですね。

私は、トランプ政権から大いに学ぶべきは、「悪口の怖さ」だと思うんですよ。

池上　トランプが電話でスタッフたちの悪口をまくしたてていたことは紹介しましたが、実は逆に部下たちも、陰で大統領を非難したり、馬鹿にしたりしていました。

佐藤　自分に隠れて悪口を言う人間がいるという話を耳にして、気分を害さない人はいないと思いますが、問題はそれだけではありません。組織の中において、本当に機微に触れる話とか、保秘とかは、往々にして悪口を通じて漏洩するのです。

池上　なるほど、悪口を通じて秘密が漏れる。さすがにインテリジェンスの世界に身を置く人間の視点は違いますね。言われてみれば、『炎と怒り』のウォルフも、ほとんど出入り自由だったホワイトハウスの内部でその手の会話を数多く耳にして、重要な事実を摑んだりしています。

佐藤　それが悪口の本当の怖さなのです。

池上　そう強調するからには、やはり外務省時代にもいろいろあったわけですね。悪口に対しては、どのように対処していたのですか？

佐藤　そういう危険なものである以上、私は「恐怖政治」で元から断つ方針を貫きました。自分や自分のチームに対する悪口が発覚したら、その都度、口にした人間を丁寧に「絞めた」のです。（笑）

「私が問題にしているのは、悪口を言ったという表面的な行為ではない。悪口が浮かんだ、君の心のあり方を問うているのだ。そんなことを思ったこと自体を、心底反省してもらわないといけないな」と。近代法の範疇を超えた指導を行っていました。

池上　「思っただけで姦通の罪を犯した」という話ですね。（笑）

佐藤　そうそう。キリスト教徒だから、そこは厳しいのです。中には、「こんな悪口を言っている人がいました」と耳打ちに来る部下もいた。そんなときも、「誰が言ったんだ。「言わなければ、あなたが悪口を言っていたことになる」と脅す。そうすると、たいていは誰が情報源かを白状します。そしたら、その張本人を絞める。それで省内で悪口を言う人間はいなくなって、仕事が非常にやりやすくなったのは事実です。

もっともこういう手法は恨まれるので、鈴木宗男事件の嵐に私が巻き込まれた時、利息をつけて反撃されましたが……。

池上　まあ、みんなが佐藤さんのような「恐怖政治」を行えるとは思えませんが、悪口には怖い副反応があるということは、認識しておくべきでしょう。それに、悪口、陰口の類は、やはりチームワークにいい影響は与えません。私は、NHKにいた頃、その場にいない人間についての陰口を聞くと、当人が帰ってきた時に、「今みんなで君の悪口を言っていたんだけど」と意図的に公表するようにしていたんですよ。

佐藤　言いたいことがあれば、面と向かって言う。悪口は言えないようにするのも重要ですが、自分で言わないのはもっと大事です。

池上　そう。本人の目の前で言えないようなことは、口にするべきではありません。秘密のはずが、回りまわっていつわが身に降りかかってくるか、分からない。

佐藤　細かなことですが、誰かが思い切り上司の悪口を言っているような時には、相槌《あいづち》を打つのはやめておきましょう。打った瞬間に、話の主語が変わってしまう危険がありますから。

池上　「生き延びる術」という観点からトランプを見ると反面教師ばかりになってしまうのですが、クリントンと比べて決して強敵とは思えないバイデンに負けて、二期目に進めなかったのは、今の悪口も含めて政権内が最初から最後までしっくりいかなかったことが大きいでしょう。そうなったのが、気に入らないと次々に首を挿げ替えたようなトップの責任であるのは、言うまでもありません。

佐藤　経営者や上司の立場の人が汲むべき教訓としては、多少下が目立ち過ぎたり、逆に能力が足りていなかったりしても、許容範囲までは信頼して任せる度量が必要だ、ということです。「どいつもこいつも信用できない」というようなトランプ的精神状態になっていたら、黄信号が点《とも》っていると考えるべきでしょう。

池上　そういう時には、一度自分の方に問題はないのか、冷静に見つめた方がいいですね。そうでないと、組織自体が危機に陥るかもしれません。

　部下を辞めさせたり、異動させたりする場合にも、細心の注意を払う必要があるでしょう。トランプのように、ツイッターの投稿一本で更迭したりするのは論外として、できるだけ本人の納得感が得られるように、最善の努力を払わないといけない。

佐藤　「嫌な人間を切るのは、俺の権限だ」というようなメンタリティーだと、辞めてから『週刊文春』に駆け込んで、洗いざらい暴露されてしまうような、大きなしっぺ返しに遭うかもしれません。人は採用する時も大事ですが、辞めてもらう場合にも絶対に手抜きは許されない。そういう時代だということは、しっかり認識する必要があります。

【生き延びるための秘策3】

人を信用しろ、部下に恨まれるな

◎相手の攻撃に対し、反射的に面白おかしく切り返す「瞬間芸」は、世の中を渡っていくのに役に立つ。ただ、上司にやれば命とり。

◎公衆の面前で平気で下品なことを言い続ければ、周囲が慣らされていく。こいつはそういうやつだ——と諦められれば、失言で政治生命を失わなくなることもある。「下品力」も突き抜ければ、生き残る力になる可能性はないとは言えない。ただ、常人にはなかなか会得できるものではないので要注意。

◎悪口ほど怖いものはない。悪口に絡んで秘密が漏洩する可能性があるからだ。だから悪口を言っている人間には注意しよう。

◎自分の悪口を言っている人間は、徹底的に絞めあげる「恐怖政治」も有効だ。そうすると誰も自分の悪口を言わなくなる。ただし、自分の力がなくなると、反撃を受ける。

◎誰かが上司の悪口を言っているときに、相槌を打つのは危険だ。相槌を打っただけで、主体的に悪口を言っていたことにされることが少なくない。
◎トランプ大統領から管理職が学ぶべきポイントは、多少、目立ちすぎたり、能力が足りない部下がいたりしても、許容範囲までは信頼して任せる度量が求められるということだ。「どいつもこいつも信用できない」と切り捨てていると、自分の身に危険が迫る。
◎「どいつもこいつも信用できない」と思ったときには、自分に問題がないか冷静に考えたほうがいい。
◎部下を切るときには細心の注意を払うべし。本人の納得の得られない更迭が、それまでの自分自身の行状を洗いざらい暴露される「文春砲」につながる。

第四章

山本七平

会議で本当の意見を言う方法

やまもとしちへい（一九二一―一九九一）

日本の評論家。敬虔なクリスチャンの家系に生まれる。青山学院高商部卒業後、陸軍に入隊し、フィリピンで終戦を迎える。現地で捕虜となり、一九四七年に復員。七〇年に出版したイザヤ・ベンダサン著・山本訳『日本人とユダヤ人』（大宅壮一ノンフィクション賞）が大ベストセラーに。イザヤ・ベンダサンは、山本七平ではないかとの説が流布する。本人は否定したが、本人だった。以後、日本社会の評論を多く刊行する。主著に『「空気」の研究』などがある。

Q ちょうど自分くらいの年齢、年収の層をターゲットにした新商品の開発が社内で進んでいます。なのですが、どう考えてもそんな商品は僕たち世代の心に刺さりそうにないのです。会議では「自由に意見を言ってみろ」と言われますが、社をあげて進めようとしているプロジェクトに本当の意見を言うのは憚られます。どう思いますか。

A 結論をズバリと言うな。相手（上司）の再考を促せるよう、考える素材だけを提供しよう。

池上　会議で本当に思っていることが言えない。日本社会ではよくあると言われ続けてきましたが、令和のこの時代になってもいまだに変わらないんですね。

佐藤　レガシー企業ほどそうかもしれません。すぐに倒産するような危機が迫っていない組織だと、そうした「文化」が残っているのかもしれません。霞が関などの役所ならなおさらですね。

池上　まさに山本七平のベストセラー『「空気」の研究』（文春文庫）がテキストになりますね。

佐藤　同書には生き延びるヒントが詰まっています。単行本が世に出たのは一九七七年ですが、「古さ」を感じさせません。ここでは、この「古典」にスポットを当ててみたいと思います。

いまだに古びない『「空気」の研究』

池上　近年、政治の世界などで流行った「忖度」という言葉も「空気」の一種ですね。この場合は良くない意味が込められていますが、「空気を読め」というふうに、肯定的に使われることもあります。

佐藤　まさにそのあたりを読み間違えると、出世に響いたりするわけです。

池上　だから、非常に不思議な概念なのですが、これを正面から取り上げて論評したのは、山本七平が初めてでしょう。読んだ人間は、みんな「言われてみればそうだよね」という感想を持つわけです。でも、その「言われてみれば」のところを掘り下げてみる意味は、大いにあると思います。

佐藤　当時、この本がベストセラーになったのには、文字通り「時代の空気」もあったように感じます。合理的で「流されない」西欧的なものが正しくて、まわりの空気に流されて、なんとなくモノが言えずにやりすごす日本は駄目なんだ、という二択。旧日本軍の戦史を研究した『失敗の本質』が出たのも、この少し後でした。そういう受け取られ方をしたのは、山本にとって本意ではなかったと思うのですが。

山本七平について述べておけば、彼は大学のような制度化されたアカデミズムの人ではありませんでした。アカデミズムに接してはいるのだけれど、いわゆる体系的な学知に基づいて論じる、というスタンスではなかったんですね。

池上　その通りです。

佐藤　でも、あえて言えば、だからこそこの本は、ナラティブで、非常に説得力があります。ナラティブは、同じ「物語」でも、起承転結のある「ストーリー」ではなく、あるテーマを主観的に語りながら真実を模索していきます。制度化された学問の世界の人たちが、世の中についてあれこれ議論していることに対する、反知性主義的アプローチと言うことができるかもしれません。

池上　そもそもアカデミズムは、「空気」という言葉を切り取って、研究対象にしようとはしないはずです。でも、一般の人たちへの影響力は、そういう山本七平的なアプローチの方がはるかに大きいのです。

佐藤　そうですね。乃木希典のところで、「普遍化」について論じましたが、山本は、「空気」という得体の知れないものを取り上げて、普遍化することに成功しました。だから、古くならないわけです。

池上　最初に、あらためて一般的に認識されている「空気」について述べておきましょう。それは、例えばこういうものです。

新型コロナで一年延期されていた東京オリンピック・パラリンピックは、二〇二一年に再び「開催するのかしないのか」が問題になりました。大会組織委員会を中心とする人々は、感染の拡大や医療機関の逼迫状況がありつつも、「もうやるしかない」という空気に支配されていることが見え見えでした。

佐藤　東京には、緊急事態宣言が出ている状況でした。

池上　他方、開催反対を主張した野党なども、「オリンピックなどとんでもない」という感じで、中で異論を唱えられる雰囲気ではなかったと思います。結局、議論が空中戦に終始した末に、無観客での開催となったのは、ご存知の通り。

佐藤　「やる」となったら、開催に都合のいい情報しか目に入らなくなる。逆に反対派に見えているのは、感染リスクだけ。相手に抗弁するために、そうやってお互いが選択的な情報収集をすればするほど、「自分の方こそ正しい」ということになって、対話の可能性はどんどん狭まっていったわけです。空気に流された結果、「嵐」のようになってしまった。

池上　「ＧｏＴｏキャンペーン」は、ある意味もっと露骨でした。「ＧｏＴｏ事業」は、もともとコロナが収束後に、痛んだ経済を立て直すためにやりましょう、ということで予算化されたものです。そこには、納得のいく合理性が認められました。ところが、コロナが想定外に長期化した結果、感染が収まりきっていないのに、「ＧＯ」ということになった。「ブレーキとアクセルを同時に踏んで、どうするのだ」と批判されもしたのですが、当時の菅義偉総理や自民党の二階俊博幹事長が「やる」と言っている以上、「いや、コロナが収まってからにしましょう」とは言えない空気の支配が、やはりそこにあったわけです。

「空気」に流されることは全否定されるべきではない

佐藤 山本七平自身が「空気とはどういうものか」を説明するのに引き合いに出した代表的な事例のうち、最初に出てくるのが、太平洋戦争における「戦艦大和の出撃」です。

驚いたことに、「文藝春秋」昭和五十年八月号の『戦艦大和』（吉田満監修構成）でも、「全般の空気よりして、当時も今日も（大和の）特攻出撃は当然と思う」（軍令部次長・小沢治三郎中将）という発言がでてくる。この文章を読んでみると、大和の出撃を無謀とする人びとにはすべて、それを無謀と断ずるに至る細かいデータ、すなわち明確な根拠がある。だが一方、当然とする方の主張はそういったデータ乃至根拠は全くなく、その正当性の根拠は専ら「空気」なのである。従ってここでも、あらゆる議論は最後には「空気」できめられる。最終的決定を下し、「そうせざるを得なくしている」力をもっているのは一に「空気」であって、それ以外にない。

『「空気」の研究』（山本七平、文春文庫）

「特攻」と言えば戦闘機を思い浮かべるのですが、「水上特攻」に突き進み、沈没した大和の戦死者は二七〇〇名（二四九八名、三〇五六名との説もある）に上り、航空機特攻に匹敵します。「その場の空気」で決まったことが、これだけの犠牲者を生みました。そして山本は、次のように続けます。

これは非常に興味深い事実である。というのは、おそらくわれわれのすべてを、あらゆる議論や主張を超えて拘束している「何か」があるという証拠であって、その「何か」は、大問題から日常の問題、あるいは不意に当面した突発事故への対処に至るまで、われわれを支配している何らかの基準のはずだからである。

『「空気」の研究』

池上　山本七平の言う「何らかの基準」が二十一世紀の現代にも生きていることは、オリンピックや「ＧｏＴｏ」を見るまでもないでしょう。

佐藤　ただ、山本自身もそれが将来にわたって簡単に消えてなくなるものだとは思っていないし、単純にそうあるべきだと、主張しているわけでもないんですね。正確に言えば、「種明かし」をしていないのです。

池上　読者に考えさせている。

佐藤　その上で、誤解を恐れずに言えば、一般的な『「空気」の研究』の「読み方」には、足りない部分もあるというのが、私の率直な感想です。「空気という日本特有のわけの分からないものに動かされて、戦艦大和を出撃させてしまった」というのが、山本七平の言いたかったことではないと思うのです。

この本は、普通に読んでもためになりますから、ぜひ手に取ってみてほしい。ここでは、ちょっと違った視点から話をしてみたいと思います。

池上　ぜひお願いします。

佐藤　まず、そもそもの話をしておけば、戦艦大和を特攻に駆り出した「空気」が全く非合理的なもので、二七〇〇人は無駄死にだったのかというと、話はそう簡単ではないでしょう。当時、大和は、空襲の危険を避けて軍港ではなく、山口県の徳山沖に停泊していました。しかし、そこも安全地帯とはいえず、いずれ攻撃対象になるのは明らか。燃料も目減りしていました。座して死を待つくらいなら、一縷の望みをかけて攻撃に出ようというのは、その範囲においては合理性のある話です。

池上　これも乃木希典などのところでも話に出た「限定合理性」。

佐藤　そうです。そして、重要なのは、沖縄から見た場合に、この大和の出撃がまた違う景色に映ることです。

池上　大和が目指したのは、アメリカ軍が上陸を始めていた沖縄でした。

佐藤　沖縄生まれの私の母親は、一四歳で沖縄戦に遭遇し、当時第六二師団（通称「石部隊」）の司令部の中にいました。そうしたら、「今大和が出撃したぞ。助けに来るぞ」と通信兵が教えてくれた。「ああ、本土は沖縄を見捨ててはいなかったんだ」と子ども心に思ったことを鮮明に覚えている、と話していました。

池上　なるほど。

佐藤　途上で米軍機の爆撃を受けて沈没してしまうわけですが、そんな危険を認識しながら、作戦を決行した。戦艦大和の出撃は、沖縄守備隊と沖縄県民だけを犠牲にはしないという意志を、日本国家が身をもって示す結果になったわけです。

多数の犠牲者を出した無謀な攻撃を生んだ「空気」は、戦争中には限定合理性に基づくものでもあったのですが、戦後になると非合理な無益な戦いの原因になったとして指弾されました。ただ、さらに長いスパンで見ると、その後の沖縄の国家統合にとって、一定の役割を果たしたと言うこともできるはずです。

池上 佐藤さんのお母さんのように、沖縄戦当時の大和を覚えていた人がたくさんいらっしゃるでしょうから。

佐藤 大和の話に限らず、空気に流されることが無意味かどうか、一義的には言えないというのが私の考えです。言い方を変えると、今や「空気」というものが、非合理に感じられる意思決定が行われた場合、それを説明する「代名詞」になっているのだけれど、それはちょっと違うのではないかと思うのです。

池上 「空気」は簡単に割り切れるものではない、ということですね。

わざと種明かしをしなかった山本の本音

佐藤 さらに言えば、そんなに問題の多いものであるならば、なぜいつまで経ってもそれを打破できないのでしょうか？　私は「貨幣の物神性」のようなものではないかと感じています。二十数円で造れるお札が、なぜ一万円の価値を持ち得るのか？　あるいは、たかだか五〇〇万円くらいの借金で自殺する人が、いくらでもいますよね。原価一万円くらいの紙の束のために、どうして人が死ぬ必要があるのかと考えれば、非合理の極みでしょう。でも、実際にお金には、そういう力が宿っているわけです。

「空気」も同じで、取り払うのは難しい。なくなったら、みんな窒息してしまうかもしれません。

池上　興味深い分析だと思います。そのあたりのことを、山本七平はどのように考えていたのか、知りたいところですね。

佐藤　山本七平はプロテスタントのキリスト教徒でした。実は、この「空気」の話というのは、我々神学者からすると、「普通の話」でもあるのです。

池上　ほう、そうなんですか。

佐藤　本書には、こういう記述が出てきます。

（略）〝空気〟などというものは日本にしかないから、外国語に訳せるはずはないと誤解している人もいるかもしれぬ。しかし心配は御無用。〝空気〟の存在しない国はないのであって、問題は、その〝空気〟の支配を許すか許さないか、許さないとすればそれにどう対処するか、にあるだけである。従ってこの〝KŪKI〟とは、プネウマ、ルーア、またはアニマに相当するものといえば、ほぼ理解されるのではないかと思う。
これらの言葉は古代の文献には至る所に顔を出す。もちろん旧新約聖書にも出て来ており、意味はほぼ同じ。ルーア（ヘブライ語）の訳語がプネウマ（ギリシャ語）でそのまた訳語がアニマ（ラテン語）という関係になっており、このアニマから出た言葉がアニミズム（物神論?）で、日本では通常これらの言葉を「霊」と訳している。

『「空気」の研究』

山本七平が言っているのは空気、プネウマなどはいずれも「風」だということです。神の霊が地の上を覆っていたと旧約聖書の最初にあるのは、強い風が吹いていたという意味なんです。だから、風と分節化されていないのです。神が歩くというのは、風が動くという。風がながれる。そういうようなところに気合を入れる。この氣。この気が物事を動かしている。こういう考え方なんですよ。
だから、これ自体、空気は何かといったら、気が人間を動かしている。それが人間のプネウマだから、イコールスピリッツで精神なんだということで、論理立てはすごく簡単で、聖書の論理立てなんですよ。

池上　確かに、この本には聖書の話が随所に出てきます。ただ、そうすると、西洋キリスト教社会と、すぐに「空気」に飲み込まれるような日本社会は、どこが違うのでしょう？

佐藤　ひとことで言えば、神がいるか、いないのか。聖霊を信じているのか、それとも悪霊に取りつかれているのか、ということです。もう少し分かりやすく言えば、一神教の世界には、どこかで「悪い空気」が醸成されそうになっても、「それは罷《まか》りならぬ」と封じ込める絶対的な機関（教会）が存在します。それが存在するかどうかの違いと言えばいいでしょう。

だから、空気に関して言えば、自分が心から信じられるものを持っている、すなわち正しい信仰心があれば、「悪い空気」から逃れることができるし、それを変えることもできる。恐らく、それが彼の考えたことです。

池上　キリスト教ではないけれど、大本《おおもと》教や創価学会は信仰心あればこそ、あの戦争下に抵抗することができた。例えば、そういうことですね。

佐藤　そうです。エホバの証人もそうですが、空気を超越するものを持っていたから、あの時、抵抗できたわけです。

こういうものは、何も宗教の専売特許ではないと、私は思います。例えば若い頃にマルクス主義に触れた人たちというのは、共産主義や共産党が好きかどうかとは別に、似たような超越性を備えていますよね。揺るぎない価値観というか、確固たる芯のようなものを持ちつつ、アカデミズムや経済界などで活躍している人は少なくありません。

池上 つまるところ、いたずらに空気に流されないようにするために、正しい「信仰」を持つべきだというのが、山本七平の言いたいことである、と。

佐藤 彼の『現人神の創作者たち』などを読むと、やりたかったのはキリスト教的な一神教の考え方を、日本に土着化させることでした。ただし、彼は本書の中で明確に結論を述べてはいません。さきほども言ったように、わざと種明かしを避けている。そのあたりも、ナラティブとして優れているところで、単にキリスト教の種明かしをする本だったら、多くの人はついてこられなかったでしょう。

何事も自分の頭で考える「個人芸」だからこそ

池上　言いたいことは分かったのですが、では、神なき時代に生きる我々は、どうしたらいいのでしょう？

佐藤　身も蓋もないのですが、それでは救われない。悔い改めよ、というのがキリスト教的な答えです。

本書のラストに『ヨブ記』についての記述が出てきますよね。敬虔で裕福なヨブという男の信仰について、サタンが神と賭けをするわけです。「神を信じているのは、豊かで成功しているからですよ。それを失ったら、彼は信仰も捨てるでしょう」と。それで、「ならば試してみよう」と、ヨブは財産のみならず、子どもも自身の健康も奪われてしまう。

池上　『ヨブ記』を読んだ時には、なんという理不尽な話だ、という感想を持ちました。

佐藤　そう、理不尽極まりない話です。しかし、彼は屈しなかった。友人たちがやってきて、口々に「こんな試練を与えられるのは、お前が罪を犯したからだ」とこれまたひどいことを口々に言うのですが、「私は潔白だ」と主張し続けるんですね。山本七平は、「この『ヨブ記』の結末がどうなるかは、いまは述べない」と、ここでも結論をスルーしますが、実際にはヨブは救済されます。

池上　信ずるものは救われる。

佐藤　そう。『ヨブ記』を引用することで、ひたすら神様を信じなさい、と言っているわけです。

　余談ながら、『ヨブ記』は、獄中にある人間が読むと、みんな感激するんですよ。例えば、七〇年代末に、「赤い旅団」によるテロを主導した疑いで逮捕されたイタリアの哲学者、アントニオ・ネグリは、獄中で聖書を読み返して『ヨブ　奴隷の力』という本を書きました。理不尽な状況においても神を信じ、どこまでも堪えよ、という書です。彼は、テロに関しては「無実の罪」だったのですが、獄中からイタリア議会選挙に立候補して、当選しました。

池上　そうすると、佐藤さんも読まれた。

佐藤　収監された時に聖書を取り寄せて、真っ先に読んだのがこの箇所でした。話を戻すと、そういうふうにあえて『ヨブ記』を持ってくるような山本七平の仕掛けが分かっているかどうかで、『「空気」の研究』の読み方はだいぶ変わってくると思うのです。

池上　深く理解するためには、彼のバックボーンにキリスト教の世界があることを念頭に置く必要がある。

佐藤　加えて、背景には戦争体験もあるでしょう。

池上　それは間違いないと思います。フィリピンのルソン島で戦闘に参加し、最後はマニラの捕虜収容所ですから、かなり悲惨な体験をしたはずです。

佐藤　学徒出陣で壮絶な状況を目の当たりにし、戦後カトリックの洗礼を受けたのが、『戦艦大和ノ最期』を書いた吉田満です。彼は、沈んだ大和に乗っていて、奇跡的に助かった。山本七平はプロテスタントで、戦地に赴く前に入信していたのですが、戦争体験を信仰によってどのように克服すべきか、真剣に悩み、考え抜いたという点では、二人には共通点があったように感じます。

池上　確かにそうですね。

佐藤　山本七平が戦地という極限状況でたどり着いたのは、突き詰めると「何事も自分の頭で考える」ということだったと思うのですよ。ナラティブで他者にあれだけの影響を与える「作風」を確立することができたのも、そのおかげと言っていいでしょう。

付言すれば、これは制度化されたアカデミズムの学知と違い、継承されません。いわば「個人芸」だから、山本七平を継ぐ人間は出てこないのです。

本を読め。自分の中に「もう一人の自分」をつくれ

池上 では、山本七平から学ぶべき第一の教訓は、悪い空気に流されないためにも「自分の頭で考えよう」ということになるでしょうか。

佐藤 そういうことだと思います。

池上 おっしゃるように、アカデミズムのアプローチでなくても、身の回りの様々な出来事を自分なりに見る、場合によってはあえて少し斜めから眺めてみて、仮説を立ててみるといった山本七平的な力は、とても大事だと思いますね。

佐藤 社内でも、人とは違う企画書ができるのではないでしょうか。一目置かれるはずです。

池上 とはいえ、考えるためには、自分の中に何か「軸」になるものを持っている必要があります。

佐藤 それがないと、「斜め」には見られませんから。山本七平の場合は、その「軸」がたまたまキリスト教だったわけです。

池上　今からキリスト教の洗礼を受けたり、マルクスを本格的に学んだりというのは難しいかもしれませんが（笑）、何か自分が信頼できる理論、信念のようなものを身に付けるべきでしょう。

佐藤　そのためには、本を読むことです。自分の仕事とは無関係の分野であっても、興味を持ったら集中的に読んでみる。そうやって、「もう一人の自分」をつくる感覚です。

池上　そうすると、自分のいる場所を、別の立場から見ることができるようになりますよね。常に自分を俯瞰して見ながら、進むべき方向を探していけるはずです。あるいは、間違ったことをしていないか、自分に向けてアラートを発することも可能になるでしょう。周囲に倣って、会社の言うがまま自社製品の口コミをせっせとＳＮＳに投稿することが、自分を成長させてくれるのか、もしかしたら後で外部から責任追及されることになりはしないか、と。（笑）

「池上彰」の角度は四度まで⁉

佐藤　今のはインプットの話ですが、アウトプットの仕方においても、山本七平は参考になります。彼のナラティブの力は、プロパガンダ（思想、教義などの宣伝）の力と言い換えてもいいでしょう。『プロパガンダ戦史』を書いた池田徳眞は、「宣伝とは、他人に影響をあたえるように、物事を陳述すること」という定義を金科玉条にしていますが、そういう類まれな才能が、山本七平にはありました。

裏を返すと、どんなに有意義なことを言ったり書いたりしても、相手に響かなかったら意味がないのです。例えば、自社製品を売り込もうという時に、その製品のメリットを語り尽くすだけではなく、相手がどういうふうに受け取るのかを意識しながら話す。

池上　同じことを言っても、受け取り方は人によって違いますから。

佐藤　そうです。人に影響力を与える語り方、書き方が身に付けば、特に営業とか、業種でいえば広告代理店、こういうところに行ったら成功間違いなしです。

それから、これも『「空気」の研究』から学ぶべきこととして、社内で何かを提案する時や、部下をまとめる場合などには、あえて結論をズバリと述べるのではなく、材料を提示して考えてもらうようにする。人間には必ず天の邪鬼なところがありますから、最初から「これで行きましょう」とやっても、なかなかついてこないものなのです。例えれば、ジグソーパズルです。ピースを渡して作ってもらうわけですが、できる絵は決まっている。

池上　学生を教えてみると、よく分かりますね。「教えた通りにやってください」という方法では、成績は伸びません。

佐藤　脱線しますが、その「教えた通りやれ」の世界をもう一度検証しようと思って、Ａｍａｚｏｎのプライム・ビデオで、アニメの『巨人の星』と『アタック№1』を見直したのです。

池上　そうですか。得るものはありましたか？

佐藤　ある意味、『ヨブ記』に匹敵するような理不尽が、そこで展開されているわけです（笑）。でも、昨今のスポーツ界における一連の出来事というのは、やっぱりここにつながっているのではないか、と。

池上　昭和の「スポ根」は死なず（笑）。しかし、昔のアニメもただ懐かしいだけではなくて、佐藤さんのような問題意識を持って見ると、多くの気付きを得られるかもしれません。

佐藤　話を戻すと、今言った「材料」の選び方も十分吟味する必要があります。時代の空気にしろ社風にしろ、それと一八〇度違うことを主張しても、そっぽを向かれるだけ。

九〇度も無理でしょう。今の日本の政治ということに関して言えば、角度の許容範囲は二、三度くらいではないでしょうか。そうでないと、説得力が生まれないわけです。

適切な材料を用意して、「みなさん考えてみましょう」という技術の名手が、私の目の前にもいますけど。

池上　ははは。私は、四度くらいはずらしているつもりですが。

佐藤　それを一〇回やれば、四〇度になるのです。（笑）

池上　ビジネスの現場で物事を決める場合には、例えばA案かB案か、というような話になりますから、四度ということはないでしょうけれど、今おっしゃった「角度」を意識するのは、とても意味のあることだと思います。

さきほど「軸」を持つべきという話をしました。所属する会社や組織が一つの方向に動こうとする時には、それに照らして、十分合理性があり成果が見込めるものなのか、それとも根拠のない空気なのか、ということをまず考えてみる。そういうことが、これからの時代にはますます大事になると思います。

【生き延びるための秘策4】

ズバリ結論を言わない

◎「悪い空気」に流されないためには、自分の頭で考えるしかない。

◎自分の中に信頼している理論や信念のような「軸」がなければ、自分の頭で考えることはできず、すぐに人の意見に流されてしまう。

◎自分の中に軸がなければ、本を読もう。自分の仕事と関係ない分野であっても、興味があれば集中して読んでみるのもいい方法だ。そんなふうに読書を続けていると、自分の中に「もう一人の自分」ができあがり、自身の置かれた立場を別の視点から見ることができるようになる。自分で自分にアラートを出すこともできるようになる。

◎社内で何かを提案するときは、結論をズバリと言うのではなく、相手に考える材料だけ提示して自主的に考えてもらうという手法は有効だ。「これで行きましょう」と最初に結論を示すと、なかなか人はついてこないものなのだ。

◎時代の雰囲気や価値観、社風は簡単には覆らない。そうした「空気」と一八〇度違うことを主張してもそっぽを向かれるだけだ。日本全国の視聴者に幅広く愛される「池上彰」的角度は、「四度」までなのだ！

第五章

李登輝

突然、吸収合併された組織で生き延びるには

りとうき（一九二三―二〇二〇）

初の台湾出身の総統。日本統治下の台湾に生まれ、京都帝国大学に進学し、太平洋戦争中は旧日本陸軍に入隊。戦後は台湾に戻り、大陸側が組織する中国国民党に入党して政界入りする。一九八八年、台湾出身の初の総統に就任。台湾の民主化を進め、直接選挙の導入を実現。二〇〇〇年まで総統を務めた。日本では、親日派として知られる。

Q 勤めていた会社の業績が傾き、外資系の大手企業に吸収合併されました。古くてのんびりした会社だったのですが、今の社内の雰囲気は顧客第一主義というより会社の業績を優先させている気がして、どうも馴染めません。成果主義も導入されました。吸収合併された時にはどんなことに気をつければいいですか。

A 降ってわいたような吸収合併自体はどうすることもできない。どうしてもやりたいことがあるなら、新たな親会社の「中」に入って、会社を変えろ。

池上　ある日突然、外資系企業に吸収合併されたらどうすればいいのか。価値観も違う上司がやってきて、これまでの社風とはまるで違った会社になっていく。ありそうなことです。

佐藤　抵抗してもムダです。この時代、突然M&A（企業の合併・買収）が降ってくることは避けようがありません。そんなときには、台湾に生まれながら、戦後、中国大陸から台湾に渡ってきた中国国民党に入党し、台湾の民主化を実現した偉大な政治家、李登輝から学べることがあるはずです。

日本が統治した「多民族国家」台湾

佐藤　二〇二〇年七月、九七歳で亡くなった台湾の李登輝も、その言動を普遍化することで多くの学びを得られる人物です。

池上　日本統治時代の台湾に生まれ、京都帝国大学（現京都大学）などで農業経済を学び、国家元首である総統の座に就いて以降は、独裁政権下で激しい政治弾圧なども行われた中華民国の民主化に尽力しました。

佐藤　政治家として、三代前の総統、蔣介石《しょうかいせき》が掲げた「大陸反攻」、すなわちもう一度中国大陸に攻め上るのだ、というスローガンの旗を降ろし、中国共産党による大陸の実効支配を認めました。

池上　同時に、自分たちは中国とは違う存在だと明言したり、独自に国連加盟を目指す方針を公にしたり。

佐藤　これらの言動は、今では当たり前のことのように受け止められるかもしれませんが、ぜんぜん当たり前ではありませんでした。最初に結論を言えば、彼の本質が類まれなプラグマティスト（実用主義者）だったからこそ、そんな「大それたこと」を口にできたのです。

池上　「大陸反攻」の放棄は、国民党の守旧派からすれば、あり得ないこと。一方、「一つの中国」につながるような発言に、中国当局が神経を尖らせないはずがありません。それを重々承知したうえで、自分たちが考える台湾の道筋を示したわけです。

佐藤　その李登輝を理解するためには、まず台湾という「国」を知っておく必要があるでしょう。

池上　すぐ隣にあって、かつて植民地にしていたにもかかわらず、日本人は台湾に対しても誤解があったり、知識が限定的だったりします。中国や韓国と違い、極めて親日的である、とか。

佐藤　それは今の台湾の一面に過ぎません。

池上　そもそも台湾は、「多民族国家」なのです。高地や山裾に住む高山族だとか、数多くの先住民族が今も暮らしていることを、どれだけの日本人が認識しているでしょうか。

佐藤　日本の台湾統治では、この少数民族との間に軋轢《あつれき》を生むことも多くて、セデック族という先住民族が蜂起して多くの死者を出した「霧社事件」などが起きます。

池上　台湾の統治は、日清戦争後の下関条約によって清朝から日本に割譲された一八九五年から始まったわけですが、初期の頃には、そうやって抵抗する人たちを一万人近く殺害したと言われていますね。

佐藤　第二次世界大戦では、高砂族の人たちが、「挺身隊」として南太平洋の密林戦に従軍したり、高地の道案内に駆り出されたりしました。インドネシア北東部のモロタイ島に上陸し、日本の敗戦後もジャングルに潜伏して、およそ三〇年後の一九七四年に救出された中村輝夫さんという人がいます。

池上　ああ、いましたね。

佐藤　彼が高砂族の人だったのですが、同じようにジャングルから生還した横井庄一さん、小野田寛郎さんと違って、ほどなく忘れ去られてしまいました。

池上　日本の植民地支配を肯定的に捉える人が理由に挙げることの一つが、現地で行った教育です。帝国主義国が植民地支配を行う時には、そこに高等教育機関をつくります。例えばイギリスは、インドのボンベイやカルカッタをはじめ香港、バグダッドなどにも大学を創設しました。日本も同じで、台湾の台北帝国大学や朝鮮の京城帝国大学をつくって、統治を進めたんですね。そのことが、植民地の教育水準などを高めることに貢献したのは事実です。

ちなみに、同じ帝国主義国でも、フランスは優秀な人間を本国に連れてきて教育し、また戻すというやり方を取りました。だから、フランスから独立した国々は、大学を持たなかったのです。

佐藤　ちょっと話は逸れますが、日本も沖縄の統治は台湾や朝鮮とは違いました。高等教育機関を一つもつくらなかった（正確に言うと沖縄師範学校が戦時中に専門学校として一応高等教育機関に昇格しましたが、戦時中なので高等教育は行われませんでした）。沖縄県民として初期に帝国大学に入学した人に、反日活動家になるケースが少なくなかったからです。

池上　なるほど。

佐藤　沖縄の中に高等教育機関を設けると、それが日本からの分離の拠点になりかねないので、エリートは東京で養成したうえで、本土のあちこちに「ばらまいた」。そうやって、沖縄に地元出身のエリートが滞留しないようにする政策を取ったわけです。たとえばやはり沖縄県出身者で初めて海軍兵学校に入学した漢那憲和《かんなけんわ》もそうです。海軍兵学校を優秀な成績で卒業し、後に御召艦「香取」の艦長として、皇太子（後の昭和天皇）の欧州遊学に随行したりするのですが。

こういう統治の違いには、距離も関係していると思います。沖縄や北海道のような「近場」は、離反を防ぐ同化主義に基づく政策を徹底する。一方、台湾や朝鮮に高等教育機関をつくったというのは、同化ではなく帝国としての多民族政策にほかなりません。ここも誤解があるのですが、小熊英二氏の『単一民族神話の起源』にあるように、戦前の大日本帝国は、台湾や朝鮮の人たちを「外地臣民」として包含する多民族国家を自認していました。

池上　戦時中の「進め一億火の玉だ」というスローガンは有名ですが、当時「内地」の人口は七〇〇〇万人くらい。「一億」には、そういう「外」の人たちもカウントされていたんですね。

佐藤　だから、教育を通じて臣民としての自覚を涵養することに心血を注いだのです。李登輝も、そうした環境の下にあった台湾で生まれ、青年期を送りました。

池上　ただ、台湾と朝鮮では、統治に違いも生まれました。台湾は、日本にとって初めての植民地ですから、気合も入ったのでしょう。後藤新平をはじめとするAクラスの人材を、たくさん現地に送り込んだわけです。そこで一定の成功を収めたのが自信になったのか、一五年後に併合した朝鮮には、それとはややレベルの劣る人間たちを派遣した。そういうことが統治政策に反映し、その後の対日観の差を生む遠因になったことは、否めないと思います。

佐藤　加えて、台湾には「国家」がありませんでした。一八七一年に、漂着した宮古島、八重山の島民五四人が殺害された事件がきっかけとなった日本の台湾出兵も、清政府が「台湾は化外の地」、要するに「我々の管轄地域外で発生した事件」だと言って責任回避に走ったから、派兵を行ったわけです。他方、朝鮮半島にはれっきとした国がありました。そういうところに入っていくのは、ハードルが高い。むしろそちらにエース級の人材を振り向けるべきだったのでしょう。

この違いは、琉球にも言えることです。沖縄は、もともと国家があったところで同化政策を実行しようというのですから、非常に難易度が高いんですね。その状況は、現在進行形だと、私は思っているのですが。

独裁政権下、李登輝を抜擢した蔣経国

池上　一九四五年、日本が太平洋戦争に敗れ領有を放棄した台湾は、中国大陸にあった「中華民国」の支配下に入ります。正確に言うと、米英などとともに連合国の一員として太平洋戦争を戦った中華民国が、GHQの委託に基づいて台湾に進駐しました。大陸で中華民国の政権を担っていたのは、国民党の蔣介石です。ところが、そこでは日本の敗戦以降も「国共内戦」が続いていて、蔣介石は毛沢東率いる中国人民解放軍に敗北してしまいます。

一九四九年十月一日に、毛沢東が中華人民共和国の成立を高らかに宣言する一方で、蔣介石は同じ年の十二月、国民党幹部らとともに台湾に逃れました。その結果、海峡を挟んだ政治分断が生まれ、現在まで七〇年以上その状態が固定されているわけです。

佐藤　さきほども言いましたが、台湾に逃れた蔣介石の国民党にとって、「大陸反攻」は決して建前のスローガンではありませんでした。

池上　蔣介石は、例えば北京の故宮博物院に所蔵されていた中国歴代皇帝の「遺品」な

どを六〇万点以上も、台北に移したりしました。後々、自らの「正統性」を主張するためでしょう。本気で大陸の「奪還」を考えていたのです。

佐藤　今でもその名残はあって、多くの日本人は台湾の首都は台北と信じて疑わないと思うのだけれど、正確には中華民国の中央政府機構が置かれている「臨時首都」という位置づけ。

池上　一九四七年まで、法律で南京を首都と明記していたのですが、以後は首都がどこなのか、法律からは記述が消えたままです。

佐藤　日本外務省のＨＰでは「１９４９年台北に臨時首都を遷都」と記されています。台湾のしおり（台湾外交部）では首都を台北としています。現実主義的になったのでしょう。ちなみに朝鮮民主主義人民共和国の首都も、ある時期まではソウルでした。

池上　私が初めて台湾に行ったのは、李登輝総統の時代になってすぐの頃だったのですが、現地で買った「中華民国全図」には、今の中国のみならず、モンゴルまで含まれていました。首都はもちろん南京。そもそも北京という地名がなくて、「北平」になっているのです。南に首都があるのに「北の都」はおかしいだろう、ということなんですね。

佐藤　その地図には、琉球も入っていたのではないでしょうか。

一九七〇年代末までは、中国人民解放軍との間で砲撃戦も行われていました。大陸に近接する金門島のあたり。

池上 琉球がどうなっていたかは記憶にないのですが、これも現地でのエピソードを紹介すると、新型コロナが蔓延する前の二〇一九年に金門島に行ったのです。あそこには、中国大陸から結構観光客がやって来るのですが、とても質の良い包丁をお土産に売っているんですね。かつて大陸から雨あられと撃ち込まれた砲弾を溶かして、包丁に加工しているわけ。

佐藤 砲弾は、いい鉄を使っていますから。(笑)

池上 そうです。土産物屋は「金をもらって、あいつらに持ち帰ってもらうのだ」と笑っていました。(笑)

ずいぶん死者も出たのですが、彼らがなぜその場所を死に物狂いで守ったかというと、中華民国の「福建省政府」を置いていたからです。蔣介石にしてみれば、我々は「台湾省」だけではなく「福建省」も維持しているのだ、という構図を壊したくなかった。まあ、中華民国が複数の省にまたがる国家だというのはバーチャルな話で、李登輝が出てきてから「統治は台湾だけでいいではないか」と方針転換した。今は、その地域を台湾が実効支配しているものの、省としての機能は停止されています。

ところで、さきほど李登輝の時代になってすぐの頃に台湾に行ったと言いましたが、蔣介石時代の台湾は、大変危険な所でした。これも、意外にみんな知らないのだけれど。

佐藤　当時の台湾には、ジャーナリストでもほとんど足を踏み入れることができなかったですからね。相当「国民党寄り」の人物でなければ。

池上　一九四七年二月に、台北で闇タバコを売っていた女性が役人に暴行を受けるという「二・二八事件」が起き、これを契機に国民党政府に対する抗議活動が台湾全土に広がります。毛沢東に敗れて大陸から入ってきた国民党は「外省人」。暴行を受けた女性は、もともと日本の統治以前から台湾に住んでいた「本省人」でした。

佐藤　大陸からきて政権の座に就くや不正を働く役人、犯罪を繰り返す軍人などに対する本省人たちの不満が、背景にはありました。

池上　これを抑え込むべく、蔣介石政権は四九年五月に戒厳令を発令し、八七年まで実に三八年の長きに渡って、台湾は暗黒の時代を余儀なくされます。反体制派に対する「白色テロ」（政治弾圧）が横行し、国民には相互監視、密告が義務づけられました。その結果、外省人も含む多くの人間が「中国共産党のスパイ」といったレッテルを貼られ、収監、処刑されたのです。

佐藤　李登輝も共産主義運動に参加したと疑われ、一週間ほどの尋問を受けています。

池上　戒厳令下でどれだけの人が処刑されたのか、正確なことは分かっていないのですが、一四万人が不当に逮捕され、四〇〇〇人が処刑されたという推計もあるんですね。

佐藤　戦後、かなりきな臭い時代を経験しているわけです。

池上　そういう意味では、日本の植民地支配から解放された後、東西冷戦のあおりで南北に分断された朝鮮半島も、国内は相当きな臭い状況になりました。北もさることながら、南もひどかった。一九六一年の軍事クーデターで誕生した朴正熙《パクチョンヒ》政権が独裁体制を築き、民主化運動を弾圧、戒厳令も発令しました。七九年に朴は射殺されるのですが、軍事独裁は次の全斗煥《チョンドファン》政権にも引き継がれたのです。全土に拡大した国民のデモを背景に憲法が改正され、大統領の直接選挙が行われたのは、奇しくも台湾で戒厳令が終わったのと同じ八七年のことでした。

佐藤　台湾の戒厳令を解除したのは、蔣介石亡き後、総統になった長男の蔣経国《けいこく》でした。

池上　蔣経国は、非常に面白い存在です。ソ連に留学して、共産主義者になって戻ってくるんですね。ロシア人の奥さんと子どもまで連れて。

佐藤　国民党のトップの息子がソ連に行くというのは奇異に思えますけど、蔣経国が留学に出発した当時は、ちょうど軍閥などに対抗する第一次「国共合作」、すなわち国民党と中国共産党の共闘が成立していた時期でもありました。

池上　ただ、留学していた十数年の間に国内情勢も変化しました。帰国した一九三七年には、国民党は共産党の掃討作戦などを決行していた。ソ連から戻った息子に、蔣介石は困惑を隠せないわけです。一方で蔣経国の方は、親父の政治のやり方は違うのではないか、という思いを強くしていたんですね。

佐藤　蔣経国は、父親蔣介石よりも辛亥革命を指導し中華民国を建国した孫文との連続性が高いような印象を持ちます。

池上　確かにそうです。

佐藤　民族主義、民権主義、民生主義という孫文の「三民主義」は、共産主義に通底するものがあるという認識は、当時のソ連にもありました。だから、戦後のソ連は、革命を急がず、当面中華民国のままでもいいのではないか、という認識を持っていたのです。むしろ毛沢東たちの冒険主義的なやり方による、中華人民共和国成立に対する警戒感が強かった。

ちなみに、中国国民党のつくりは、ソ連共産党によく似ています。

池上　ソ連共産党をモデルにしたんですね。だから、国民党も中国共産党もソ連型で、よく似ている。結果的に非常に不思議なことになったわけですけれど、だからこそ左右の違いを超えて日本軍と戦ったのも含め、二度にわたる「国共合作」のような芸当も可能になったのではないでしょうか。

佐藤　国民党の極右集団でテロも厭わなかった「ＣＣ団」も、ソ連の秘密警察がモデルなのです。

蔣経国に話を戻すと、李登輝を語るうえでは、彼の「功績」を見逃すことはできません。李登輝を政務委員として当時最年少の四九歳で入閣させ、一九七八年には台北市長に任命し、八一年には台湾省の主席にします。そして八四年には、副総統に抜擢。八八年、李登輝は蔣経国の死により、憲法の規定に従って総統に就任するわけです。

池上　蔣経国が、そういうルートを開いた。

佐藤　暗黒の蔣介石時代から、蔣経国というワンクッションを入れて、李登輝が先頭に立つ「民主主義国家」に軟着陸させた、と言ったらいいでしょう。九六年には台湾に直接選挙の導入も実現しています。ただ、軟着陸とはいっても、説明してきたような歴史を見ても明らかなように、台湾の民主主義は命懸けで勝ち取った民主主義なのです。

池上　日本のような、戦後与えられた民主主義とは違います。そこも大事なポイントと言えるでしょう。

「台湾の生き残り」のために、利用できるものは何でも利用する

佐藤　李登輝と親交のあった自民党の村上正邦さんが、最後は李登輝のことを嫌っていたのです。

池上　「参議院のドン」と呼ばれ、支持団体をめぐる受託収賄罪で実刑判決を受けた政治家ですね。なぜ嫌うようになったのですか？

佐藤　村上さんが、中国との関係で実現できなかった李登輝訪日のために散々力を尽くしたのに、逮捕以降、全く接触しようとしなくなったからです。ただ、そういうのを見て、あらためて最初に述べたような感想を持つわけです。李登輝というのは、類まれなプラグマティストなのだ、と。今のエピソードを当てはめれば、ことのほか人間関係を大切にするように見えて、実はそれは「計算された人間関係」だった。

池上　言い方は悪いけれど、利用できそうな人間とは親しくするという現実主義者。

佐藤　李登輝がそういうプラグマティズムに徹した理由がどこにあったのかと言えば、「台湾の生き残り」にほかなりません。中国という強大な国家と対峙しなくてはならない中で、後ろ盾のアメリカにはいつ切り捨てられるか分からない、日本からの投資も手放しで喜べるものと言えるのかといえば、疑問符が付く。

池上　アメリカにも日本にもそれぞれの国益があるから、最後まで台湾のためを思って行動してくれる保証はありません。事実、次々に中華人民共和国と国交を回復し、中華民国とは「断交」したわけだから。中華民国は、七一年に国連から「締め出され」てもいます。

佐藤　自分たちがいかに脆弱な立場にあるのかを、李登輝は誰よりも分かっていたと思います。ただし、それは現状、台湾が甘受せざるを得ない「与件」です。

池上　自分たちで動かせるわけではない。

佐藤　そうです。ならば、そうした与件の下でどう生き延びるのか。ひとことで言えば、それが李登輝のプラグマティズムだと思うのです。だから、利用できるものは何でも利用した。必要と思えば、どんなカードでも切ったわけです。二〇〇七年、李登輝は、中韓があれほど嫌う靖国神社に自ら参拝し、「親日」をアピールしています。日本に対して靖国参拝というカードまで切ったのです。

池上　乃木希典で論じた「限定合理性」に通じる話だとも思いますが、この場合の合理性には、それこそ「国」の命運がかかっています。

佐藤　だから、日本やアメリカのことを心から信頼することはできないと考えていても、そんなことはおくびにも出さない。不必要に中国の悪口を言ったりもしない。

池上　「切れるカードは何でも」という点で言えば、李登輝は国民党のトップとして総統に上り詰めたわけですが、蔣経国総統時代に新たな政党の結成が認められ、民主進歩党（民進党）が力を持つと、明らかにそちらの方向に立場をシフトさせていきます。自分の後継に連戦《れんせん》という人物を指名するのですが、表向き支援するように見せて、実際には民進党の陳水扁《ちんすいへん》を応援するような形になる。そして、国民党が候補者一本化に失敗したこともあって、台湾初の政権交代が実現するわけです。

そういうスタンスを取ることにより、政権が民進党に変わっても、生き残ることができた。単に自らが政治家として生き残るというだけでなく、国民党支持者からも民進党支持者からも敬愛される「台湾民主化の父」となり得たのです。中国と厳しく対峙することでその干渉から台湾を守った功績は認められるものの、政治的独裁を厭わなかった蔣介石とは、そこが違いました。

佐藤　「民主化の父」というのは、言い得て妙ですね。李登輝のそうした行動が、台湾の分裂を防ぎ、国際的な地位を向上させるうえで大きな役割を果たしたことは、間違いないでしょう。

池上　やや時間を戻すと、総統になってからの李登輝の政権基盤は、決して盤石だったわけではありません。大きかったのは、そんな状況にもかかわらず、総統の直接選挙を提唱し、実現したことでした。ようやく独裁のくびきから逃れた「国」の空気、民衆の心情を考えれば、それも現実的な選択だったのだと感じます。

佐藤　蔣経国の死で「代理総統」の立場にあった李登輝は、九〇年に初めての総統選挙に臨みますが、この時は国民党政権がまだ中国大陸にあった四八年に設置された国民大会による間接選挙でした。国民大会というのは、総統を選出したり憲法を改正したりできる中華民国の最高意思決定機関です。

池上　ところが、その内実はひどいもので、なんと政権が台湾に移ってから一度も改選されていなかった。大陸で選出されていた人間たちが、高額の報酬を受け取りながら、ずっと居座っていたんですね。高齢化した「万年代表」たちが、ろくに議論にも参加しないで居眠りしてばかり、というような状況になっていたわけです。

李登輝は、これを批判する学生運動の代表者や、民進党の幹部らとも連携しつつ、九一年に中華民国憲法を改正し、国民会議の解散、改選を実行します。「万年代表」たちには、住宅の提供や多額の退職金の提供と引き換えに、「退場」願ったのでした。

佐藤　国民党が接収した台湾には、戦に敗れた日本が放棄した膨大な資産が残されていました。それを財政に組み入れていたので、党は「お金持ち」だった。守旧派の長老たちを追い出すために、手持ちの〝マネー〟というカードを切ったわけですね。

池上　そうです。それでスムーズに目的を達しました。いずれにしても、四〇年以上手が付けられなかった国民大会を「改革」したというのは、画期的なことです。

そして九六年には、初の直接選挙による総統選挙が実施され、五四％の得票を得て勝利します。住民の手によって選ばれたという政治的正当性の持つ意味がいかに大きいかは、言うまでもないでしょう。だからこそ、中国も恐れを感じ、選挙前から台湾沖へのミサイル発射などの軍事演習を行い、威嚇したりしたわけです。

佐藤　これに対してアメリカも航空母艦を台湾海峡に派遣するなど、一時緊張が高まったのですが、そうした中国の行動は逆に李登輝への追い風になりました。

「嘘」もつく

池上 言わずもがなのことですが、李登輝という政治家は、優れた「戦術家」でもありました。例えば、「中国は一つの国ではない」ことを初めて公に口にしたのは、一九九九年のドイツの公共放送、ドイチェ・ヴェレのインタビューです。台湾と中国の関係を聞かれた李登輝は、「特殊な国と国の関係だ」と発言したんですね。地元台湾でもアメリカでもなく、ドイツのメディアに答えた。この発言は、当然それなりに波紋を広げて、中国も抗議声明を発表したり軍事演習で威嚇したりするのですが、台湾メディアで発言していたら、もっと大ごとになっていたかもしれません。

佐藤 深読みをすると、その一〇年ほど前まで分断国家だったドイツのメディアを選んだとみることもできます。ちなみに、八〇年代くらいの東ドイツでは、「プロイセン化」、要するに「二つのドイツ民族論」が非常に盛り上がっていました。八三年には、宗教改革の中心人物であるマルティン・ルターの生誕五〇〇年祭をやるのですが、無神論国家なのになぜそんなことをしたのかといえば、「我々はプロイセン、ザクセンの後継だ。西ドイツはバイエルンの後継なのだ」と言いたいがために、ザクセンに関係する人物たちをさかんに称揚したのです。

背景には、西ドイツの「一民族二国家論」への対抗が、多分にありました。これは、東ドイツ最後の国家元首、エーリッヒ・ホーネッカー路線でもあるのですが、「中国は一つにあらず」という主張とアナロジカルな関係に映りませんか？

池上　なるほど、確かにそうですね。

佐藤　実は北朝鮮も、東ドイツのプロイセン化には高い関心を持ち、研究していたと私は見ています。その結果、我々はもともと日本の影響下になく、中国に対しても自立心を保った高句麗、高麗の後継である。新羅が後継の韓国とは違うのだ、と主張したりしたのです。

池上　北朝鮮は、紀元前二三三三年に建国したという檀君の墓や骨を発見した、というようなことも言っていますよね。民族のルーツに現実の国家や政治の「正統性」を求めようというのは、面白いというか、恐ろしいというか。

佐藤　彼らは、檀君陵という「ピラミッド」まで造りましたからね。

また少し時期は前後しますが、李登輝の「知恵」といえば、こんなエピソードが『李登輝秘録』に出てきます。ちょっと長めになりますが、引用してみましょう。

1990年5月20日に総統2期目の就任演説を行った李は「客観的な条件さえ熟せば、(中国との)国家統一を協議する用意がある」と述べた。さらに同年9月、「一つの中国」をめざす組織「国家統一委員会」を総統府内に設置することを決めた。だが、野党の民進党が強く反発するなど、世論は割れていく。

当時、中国との統一も将来ありうると考えていたのか、との問いに、李は少し照れくさそうに笑った。

「実は、あれ(国家統一委員会)は国民党内の守旧派や、共産党を欺くための嘘だったんだ」と明かした。

李がいう「嘘」とは、「レトリック(ことば巧みな表現)」と言い換えた方が正確だろう。

同委の設置と同委が議決した「国家統一綱領」には巧妙な仕掛けがあった。

同委のメンバーには行政院長の郝柏村ら守旧派を加えた。郝らは将来、中国大陸の領土を奪還し、国民党政権が「国家統一」を果たすとの蔣介石以来の悲願を建前にしていた。虚構の「中華民国体制」にこだわっており、同委設置に賛成だった。

極めつけは、91年2月23日に議決した「国家統一綱領」だ。「国家統一」を高らかにうたう一方、オブラートにくるんだ表現で「民主政治の実践や基本的人権の保障」などを統一条件に挙げた。李は「北京の共産党政権が民主主義になったら台湾も国家統一を話し合いましょうと。そういう考えだった」と説明した。

統一の時期は定めていない上、共産党側には実現不可能ともいえる条件だ。

だが「統一」の旗印を改めて鮮明にされると、国民党の守旧派も共産党も李を「台湾独立派」「中台分離の現状固定化を進めている」とは批判しにくい。それこそ李の狙いだった。

実際、綱領に対し共産党機関紙、人民日報は「台湾当局も祖国統一促進の必要性を求めていることは喜ばしい」と持ち上げた。レトリックやプロパガンダを得意とする中国共産党もこのときばかりは、李の戦術にのせられていたようだ。

『李登輝秘録』（河崎眞澄、産経新聞出版）

当時は、まだ党内に、李登輝のことを快く思わない大陸出身の守旧派が幅を利かせていました。一方で台湾の民主化を志向する李登輝総統の誕生を脅威と感じる中国は、陰に日向に圧力をかけてきた。彼は、そんな相手に、ある意味想定外のカウンターブローを繰り出し、その足を止めさせた、といったところでしょうか。

池上 内部の守旧派も中国も「ノー」とは言えないけれども、実際には思い通りにはならない。うまいやり方です。

佐藤 同じ本には、当時の李登輝は、「『国家統一』の建前を演じる国民党主席の姿と、台湾の安寧を求める台湾人の姿が共存」する「二重人格」に見えた、という大学時代からの友人の言葉が紹介されています。親しい人間の目からそう見えるくらい、自らの信じる台湾の利益のためには、ある意味権謀術数の限りを尽くしたということなのでしょう。

池上 付言しておけば、いかに知略に長けていても、それだけで大衆の支持を集める為政者になるのは難しいでしょう。彼らがどんな思いを持っているのかを知っているのか、知ろうという気持ちを持っているのかは、やはり政治家の重要な資質と言えます。

その意味で、終戦後「母国」に戻った李登輝が台湾大学農学部農業経済学科に編入学し、台湾中の農村を見て回った経験は、非常に大きかったと思うのです。そこで、庶民の暮らしぶりや思いを肌で感じることができた。それは改革を進める上で、間違いなくプラスに働いたはずです。

佐藤　農業経済学は、ひとことで言えば「庶民に食べさせる」ための学問ですから、そういう視点で現場を見たはずです。もう一つ、農業は、天候という人為的にはどうにもできないものに左右されるわけです。そこで、与件を考えるということがいかに重要なのか、という発想が自然に養われる。これは、農業をやる人の特徴です。

池上　それに対して、大陸からやってきた国民党は、台湾人のいわば上に立つ立場でした。恐らく幹部たちは〝上から目線〟で、台湾の庶民の暮らしぶりなど、全く分かっていなかったのではないでしょうか。

佐藤　統治のためとはいえ、「未開の地」に足を踏み入れることに恐怖に近いものも抱いていたようです。彼らは、「庶民の暮らしを知る」どころではなかったはずです。

「親日」の裏にあった強烈な反中

池上　李登輝は、自分は「客家《ハッカ》」だと語っています。古代中国において、黄河流域から戦火に追われ、数次にわたって南に移り住んだ人々を指し、一部が台湾にも渡りました。「客家」という言葉は、外来の移住者に対する呼称で、「よそもの」の意味だとされています。

考えてみれば、彼の人生自体が「客家」的です。物心ついた時には日本人で、岩里政男《いわさとまさお》を名乗っていた。台北高等学校を卒業後、本土の京都帝国大学農学部に入学するのですが、在学中に太平洋戦争が勃発し、日本兵として学徒出陣するわけですね。ところが、日本の敗戦によって、突如母国は国民党の中華民国ということになる。絵に描いたような、歴史に翻弄される人生です。李登輝が徹底したプラグマティストになったのには、そんな生い立ちも深く影響したのでしょう。

佐藤　そういう経験が彼のしたたかさのバックボーンになっているのは、間違いありません。

池上　国民党が権勢をふるった戦後は、自分自身はあくまで台湾人であり、大陸から人ってきた人間たちとは違う、という強烈な思いも芽生えたでしょうし。

佐藤　島国ではあったけれど、常時身近な敵を意識せざるを得ない、という地政学的な環境も大きかったと思います。そういう場所では、置かれた状況を冷静に分析して、ドライに物事を決していく人材が育つのです。

例えばイスラエルには、李登輝のようなタイプの政治家が珍しくありません。というか、歴代のイスラエル首相は、政治的な立場は違えど、みんなそんな感じですよ。

池上　シンガポールでも、初代首相のリー・クアンユーのような、いろんな意味でしたたかな政治家が輩出されていますよね。あの国は、人種問題などを理由にマレーシアから追放されるような形で独立し、周囲をイスラム国家などに囲まれている上に、水資源の問題も抱えています。

佐藤　ところで、李登輝のプラグマティズムは、対日関係にも、それを例外とすることなく貫かれていました。でも、逆に日本から彼を見た時、その評価はどうだったでしょうか？

池上　「日本においては、『二十二歳まで日本人だった』の言葉や、日本語が話せることなどから親日家としても知られた」といわれています。李登輝は、『中央公論』と『文藝春秋』は、毎号日本から取り寄せて日本語で読んでいたといいますから、大変な「知日家」だったことは、想像に難くないですね。

佐藤　その二つを読んでいれば、台湾が生き残るために必要な情報を得る上で、間違いないですから。ただ、一方で、さきほどの村上正邦さんのような生々しい例もあるわけです。

台湾のトップとしての李登輝にとって、「親日派」でいることのメリットは明白でした。日本を、対中国をはじめとする安全保障の盾に使うことができますから。

池上　バックにはアメリカが控えているし。

佐藤　もう一つ。台湾で「反国民党」や「反外省人」を公言することは憚られますけど、「親日」という〝イソップ寓話〟を語ることによって、結果的にそのメッセージを発信することもできるわけです。

池上　なにも日本を貶めようというのではなく、何度も言うように、命懸けで勝ち取った民主主義を守り、自らの「国」が生き延びる方策として、そのように振る舞うこともあった。

佐藤　あえていえば、それは「正しい」のです。他方、受け取る側は、そうした相手の真意を踏まえた上で、外交を構築していかなければいけない。ですから、李登輝のような人を生粋の親日家と考えるのは、私に言わせれば無邪気に過ぎるというか、勘違いも甚だしいと感じるのです。特に政治に携わる人間は、こういうことを額面通りに受け取ってはダメだと思うのです。

池上　しかし、多くの日本人は、疑問の余地なくそう受け取っているでしょう。そこに、「与えられた民主主義」の国の弱さがあるのかもしれませんね。

佐藤　そう述べながら、矛盾するように捉えられるかもしれませんが、彼は「日本人」でもあったと感じるんですよ。李登輝は、二〇〇七年六月に、太平洋戦争で戦死した兄が祀られる靖国神社を参拝しました。当然、中国の反発などが予想されましたが、それでもなお靖国に行ったわけです。

池上　日本の保守へのアピールというのは、当然あったのでしょう。

佐藤　彼にそうした意図があったことは、間違いありません。ただ、同時に、本当にそこに兄がいる、という感覚も持っていたのではないかと思うのです。私事で恐縮ですが、沖縄で生まれ育ち、社会党支持者であり熱心なプロテスタント教徒だった私の母親は、隠れて靖国神社に出かけていました。

池上 ほう、そうなんですか。

佐藤 母には、戦時中に手紙を託された日本兵たちも、自分の姉も、そこにいるんだ、という感覚がありましたから。

だから、「兄に会いに靖国に来た」という李登輝の言葉には、偽りがないように感じるのです。実際、李登輝の中には、台湾人のアイデンティティーとともに、日本帝国臣民のアイデンティティーも染みついていて、局面によっては、そちらが滲み出てくるわけです。

池上 政治家としてのプラグマティズムの行使とは別の次元で、「つくりもの」ではないアイデンティティーが顔をのぞかせる、と言えばいいでしょうか。

佐藤 その通りです。つまり、単一ではなく「複合アイデンティティー」の持ち主。そういうところも、彼の大きな武器になっていたと思うのです。

七割は体制側、三割を保険

池上　李登輝から学ぶとしたら、困った状況になった時に、自分のためになるプラグマティズム、リアリズムを貫けるのか、ということになりますね。

佐藤　彼の置かれたシチュエーションは、さしずめ突然のM&Aで、文化の違う中華民国という企業に呑み込まれてしまった会社のサラリーマン、ということになるでしょうか。

池上　あえて言えば、さらにそれを呑み込もうと虎視眈々の「中国ホールディングス」もいる。（笑）

佐藤　安定したサラリーマン生活を送れるはずだったのに、当てが外れてしまった。それだけでなく、新しく送り込まれてきた上司が、何かにつけて〝上から目線〟で理不尽なことを言うので、ストレスは溜まる一方。

そんな状況であっても、乃木希典のところでも言ったように、いきなり上司と喧嘩したりしないことが大事です。「正論」を吐いてみんなに拍手喝采されるのは、ドラマの中の話なのだから。

池上　そこでキレたら、その会社にいる限り、閑職を余儀なくされる危険性が高まります。

佐藤　降ってわいたようなM&A自体は、どうすることもできません。ならば、その現実にあえて取り込まれた上で、どのように振る舞うべきなのかを考えた方がいい。嫌味な上司の悪口を言っていても、当面プラスになることは何一つないのです。

池上　逆に、新しい上司が猫なで声ですり寄ってくるような場合にも、要注意ですね。呑み込んだ側がそのまま経営の主導権を握るとは限りませんから。

佐藤　混乱期には特に、上司や同僚の言動が、李登輝の「親日」のごとく政治性を帯びることに要注意です。例えばですが、「これはあくまで一般論なんだけどさ」などという上の人間の言葉をその通り軽く受け流していると、後で「しまった」ということになるかもしれません。上司に「これは一般論だけれど」といわれて本当に一般論だったことなど、ただの一度も経験がありません。（笑）

池上　M&Aで、新たな「社長派」「専務派」が生まれる可能性もあります。そんな場合、社員である以上、トップの命には従いつつ、専務派と敵対関係になるのも、決して得策ではないでしょう。

佐藤　私は公務員時代の皮膚感覚として、ある程度社内の派閥構造が明確化している場合の対応は、直属のラインの上の人に七割従って、残り三割は保険を掛ける、というのがベターだと思うのです。直属ラインの課長が社長派だったら、社長に七割、専務に三割。専務派だったら、その反対にする。

池上　その匙加減がポイントだと。

佐藤　五分五分や六・四だと、双方から「向こうの回し者」と思われますからね。逆に七を超えて旗幟《きし》鮮明にすると、今度は大将が負けたときに生き残れない可能性が出てきます。

いずれにしても、M&Aのような大ごとに見舞われた際には、まずは上司の言うことを聞きながら、事態が落ち着くのを待つ。

池上　二〇二一年十二月に一六年間務めたドイツの首相を退任したアンゲラ・ドロテア・メルケルは、東ドイツで育ちました。ずっと政治活動をすることはなかったのですが、東ドイツの体制が揺らいだと見るや、三十五歳で突如政界入りして、民主化運動を始めたわけです。そして、統一なったドイツで偉大な指導者にまで上り詰めた。改革を行うにしても、「機」を見るのが重要なんですね。

佐藤　究極の目標は「自分が生き延びること」です。たとえ元いた会社が影も形もなくなってしまっても、自分だけは生き延びる。その中で、できるだけ出世する。そう割り切ったうえで、表現は悪いのですが、現実的に立ち回ることを考えるべきです。

ただし、しっかり生き残って、したい仕事をするためには、周囲から信用、信頼されることが前提になります。与えられた任務は誠実にこなす、「国民党」や「中国」の悪口は言わない、そして「七・三の原則」を忘れない。これが大事です。

池上 縷々《るる》語ってきたように、戦後、独裁からスタートした台湾の民主化に大きな功績を残した李登輝でしたが、一方で「台湾独立」や「国連再加盟」という生前掲げた大目標からは、ほど遠い現実があります。

佐藤 彼は総統を降りてから、独立の立場を鮮明にして運動を指導したりするのですが、冷徹なプラグマティストらしく、「自分のできること」も十分知っていたと思うのです。「今度とおばけは出たことがない」ではないですが、「独立するぞするぞ」と言いながら、伝家の宝刀を抜く気配はなかったわけだから。

池上 その行動が、少なくとも現時点まで、微妙な環境にある地域のバランスを保つことに役立ったとも言えますね。

佐藤 そうやって、自分たちの限界をきちんと認識しておくことも、すごく重要なことだと思うのです。

【生き延びるための秘策5】
「敵」の中に入り込み、「中」から変える

◎グローバリゼーションの進展で、M&Aはこの先も増える。降ってわいたようなM&A自体はどうすることもできない。その現実を受け入れたうえで、どう振舞うかを考える。
◎吸収合併した親会社の幹部を相手にケンカをしたら、生涯、閑職を余儀なくされる危険に晒される。軽々に上司とケンカしてはいけない。正論を吐いてみんなに拍手喝采されるのはドラマの中の話。生身の人間は「半沢直樹」にはなれない。
◎逆に新しい上司が猫なで声ですり寄ってきたときも要注意。主導権を握るのが誰なのかを冷静に見極めよう。
◎混乱期には上司や同僚の発言が、李登輝の「親日」のように政治性を帯びることがある。上司が「これは一般論なんだけどさ」と言いだしたら全力で警戒しよう。上司に「これは一般論なんだけど」と言われて、本当に一般論であったことは一

度たりともない。
◎社内が戦国時代のような派閥争いになったときには、直属の上司のラインに七割従い、残りの三割は別のところに保険を掛ける。この匙加減が、五・五ないしは六・四くらいだと「向こうの回し者」と思われる。七割を超えて旗幟鮮明にすると、自分の上司が沈んだ時が危ない。七対三。この黄金比率を忘れるな。
◎究極の目標は「自分が生き延びること」。たとえ元の会社の原形をとどめなくても、自分だけは生き延びる。その中で出世すればいいのだから。
◎敵の中に入り、中から会社を変える。これを地で行ったのが李登輝だ。そして、李登輝は国を民主化することに成功した。本当にやりたいことがある人物だけが、飲み込まれず、着実に実現に近づいていく。李登輝は特別な人物だが、「敵」の中に入って改革するという手法は一般のビジネスパーソンにもおおいに参考になる。

第六章

オードリー・タン

世代間ギャップに負けない秘策

Audrey Tang（一九八一―　）

台湾のコンピューター・プログラマー。中学を中退し、独学でプログラミングを学び、米国のアップルのインターネットサービスに関する顧問を務めるなど世界から注目される。台湾行政院（内閣）のデジタル総括担当政務委員（無任所大臣）に就任し、新型コロナの対応ではデジタル技術を駆使した対策を取り、称賛を浴びた。

Q 取引先には、ため口。スーツは着ない。休日出勤は断るし、夕方になればすぐ帰るけれど、業績はしっかり上げる部下がいます。世代間ギャップでしょうか。

A 自分の「常識」の枠にはまらない若手は、指導しなくていいのでしょうか。時代の変化はすさまじい。自分の「価値観」「常識」が通用しないことも謙虚に受け止めよう。

佐藤　本章のお題は、有能すぎる部下をもって辛い――と。年配者の自分の能力のほうが疑わしいわけですね。それは辛いかもしれません。

池上　ＡＩ技術の目覚ましい発展などにより、世界は大きく変わりました。仕事ができる人の基準も大きく変化する時代です。

オードリー・タン氏でどうでしょうか。

新型コロナ対応で脚光浴びる

佐藤　李登輝と同じ台湾のレジェンドを取り上げましょう。といっても、オードリー・タンは、現役バリバリの人物ですが。

池上　二〇二〇年に新型コロナウイルスが全世界に拡大し始めた頃、その封じ込めにいち早く成功したとして注目されたのが、台湾でした。タン氏はデジタル総括担当政務委員（無任所大臣）としてその中心を担ったことで、一躍脚光を浴びることになりました。

実は幼少の頃からコンピューターに興味を示して、中学を中退して会社を設立したり、シリコンバレーで起業したり、プログラミング言語の開発に貢献したり、ついには三十五歳の若さで民間人として入閣を果たしたりと、ものすごい経歴の持ち主なんですね。でも、新型コロナがなければ、大半の日本人はいまだにオードリー・タンという名前を知らなかったでしょう。

佐藤　ＳＡＲＳ（重症急性呼吸器症候群）の経験があったとはいえ、コロナの蔓延を防いだ初動は見事で、台湾は他国で行われたようなロックダウン（都市封鎖）や学校の休校、飲食店の強制的な休業なども行わずに済みました。

池上　台湾は、中国の武漢で「原因不明の肺炎」が発生したことを世界の中で最も早くキャッチして、対応策を講じました。武漢は違いましたが、過去のインフルエンザの変種は、中国南部の農村地帯で生まれたものが少なくありません。

佐藤　人が豚や鶏と一緒に暮らしている地域。

池上　そうです。「A香港型」も「Aソ連型」も、実はそのあたりで生まれたものだとされています。地理的に近い台湾は、たびたびその脅威に曝《さら》されてきましたから、ネット上の情報などを監視する「早期警戒システム」を構築していたわけです。

台湾政府が優れていたのは、その情報を入手するや、まだ病原体の正体も不明なうちから、日本の厚労省に当たる衛生福利部の下に関係省庁が連携する「中央感染症指揮センター」を設け、すぐに中国本土からの団体観光客の入国を禁止するなどの水際対策に乗り出したことです。同時に、スマートフォンを使い、感染者と接触した可能性がある人への警告メールの送信なども行いました。そうした対応の中心に、タン氏がいたわけです。

佐藤　象徴的だったのが、「マスクマップ」ですね。台湾全土に六〇〇〇ヵ所以上あるマスクの販売拠点の在庫が、グーグルマップ上で確認できる優れモノでした。

池上 「マスクは全量政府が買い上げ、実名制（本人確認）で販売する」と発表してから、わずか三日でシステムを完成させた手腕に世界は驚いたのですが、これはタン氏一人の功績ではありませんでした。

初の自著『オードリー・タン デジタルとＡＩの未来を語る』には、その経緯が次のように記されています。

マスクマップができるきっかけは、台湾南部に住む一人の市民が、近隣店舗のマスク在庫状況を調べて地図アプリで公開したことから始まりました。私はそれをチャットアプリ「Slack（スラック）」で知りました。（中略）

私がマスクマップを作ることを提案し、行政がマスクの流通・在庫データを一般公開すると、シビックハッカーたちが協力して、どこの店舗にどれだけのマスクの在庫があるかがリアルタイムでわかる地図アプリを次々に開発しました。これによって、誰もが安心して効率的にマスクを購入できるようになったのです。

『オードリー・タン デジタルとＡＩの未来を語る』（オードリー・タン、プレジデント社）

天才プログラマーとしての能力の高さだけでなく、それ以上に、「我々はこういうシステムを作りたいので、協力してほしい」と広く国民に呼びかける〝オープン性〟に、タン氏の凄さを感じるのは、私だけではないと思います。

佐藤　マスクの販売に関しては、当初台湾は、クレジットカードや利用者登録式のICカードを利用したキャッシュレス決済に取り組んだんですね。誰が購入したのかが確実に把握でき、「二重購入」を防げますから。ところが、始めたらそれに不慣れな高齢者の利用が進まず、購入したのは全体の四割にとどまったわけです。今引用した著書を読むと、この事実をタン氏が「これは単にデジタルディバイド（情報格差）の問題ではありません。防疫政策の綻《ほころ》びです」と認識していたことがわかります。

池上　高齢者にマスクが行き渡らなかったら、「国」レベルでの感染抑制は不可能です。

佐藤　それが分かった時点で「キャッシュレスを使ってください」というやり方をしないで、みんなが持っている健康保険カードを提示して、現金で購入する方法に切り換えた。高齢者などには、「アナログ方式」の選択肢も示すことで、本来の目的である防疫を遂行しました。

池上　デジタル担当大臣でありながら、「なんでもデジタルがいい」という発想にとらわれてはいなかったわけですね。

「インクルージョン」というキーワード

佐藤　私があの本で一番面白いと思ったのは、タン氏が「インクルージョン」について述べる部分なんですよ。直訳すると「包含」「包摂」で、社会や組織について使う場合には、「多様な人々が互いに個性を認め合い、存在している状態」のことを指すのですが、タン氏はさらに一歩進めて、そこに「配慮」の意味も込めていると感じました。

池上　なるほど。

佐藤　例えば「イノベーション」の重要性を説明した後、このように語ります。

（略）私が常に言い続けていることは、「わずかな部分あるいは少人数のためのイノベーションによって、弱者を犠牲にしてはならない」ということです。むしろ、「イノベーションとは、より弱い存在の人たちに優先して提供されるべき」ものであり、それこそが誰も置き去りにしない「インクルージョン」です。私たちの社会には、多種多様な人たちが生きていることを忘れてはいけません。

『オードリー・タン　デジタルとＡＩの未来を語る』

インクルージョンと似た概念で、より聞き慣れた言葉に「ダイバーシティ」がありま す。こちらは「多様性」で、例えば会社組織で女性を積極的に登用しよう、などという時に用いられます。重要な概念であることは間違いないのですが、実はダイバーシティだけでは社会や組織はバラバラになってしまうかもしれません。

池上　実際、混乱をきたしている現場もあるようです。

佐藤　だから、ダイバーシティに加えて、「弱者を犠牲にしない」といったインクルージョンが必要なのだという思想が、政府の閣僚としてのタン氏の底流にはありました。しかも、それが人々に対する「強制」であってはならない。目指すべきは、「人が人に配慮する社会」である、ということです。

池上　オードリー・タン氏が優秀なのは言うまでもないとして、政府の場でその能力をいかんなく発揮できているのは、台湾に広くそうしたダイバーシティ、インクルージョンの素地が根付いているから、ということも言えそうです。

佐藤　配慮し合って、団結しないと、台湾という地域が成り立たないからです。李登輝の章で台湾の存立の難しさについて論じましたが、そうしないと、いつ大陸が手を突っ込んでくるか分からない。

李登輝が「複合アイデンティティー」の持ち主だったという話をしましたが、台湾はもともと日本の植民地で、彼は「日本人」として教育を受けた時代がありました。戦後になっても、民主化の旗手だった人物の靖国参拝が許容される。中韓にはありえない。台湾のダイバーシティというのは、例えばそういうレベルのものだと理解すべきでしょう。

池上　「本省人」と「外省人」の共存の課題もあります。取って付けたものではなく、歴史に裏打ちされているわけですね。加えて、おっしゃるように、中国大陸に対する警戒感があるから、バラバラになるわけにいきません。

佐藤　そういう緊張感のある地域のインテリの層は、日本に比べて厚いように感じます。

池上　若くて力のある人間を議会議員でもないのに閣僚に抜擢するというのも、やはり日本では考えられません。

佐藤　二〇一六年に、台湾史上初めて女性総統になった蔡英文《さいえいぶん》が偉かった。蔡政権は、タン氏を抜擢するだけでなく、その身を守って、存分に能力を発揮できる環境を保証していますよね。

池上　タン氏は、デジタル総括担当政務委員のオファーを受けた時、三つの条件を出したそうです。「行政院に限らず、他の場所でも仕事をすることを認める」「出席するすべての会議・イベント・メディア・納税者とのやりとりは、録音や録画をして公開する」「誰かに命じることも命じられることもなく、フラットな立場からアドバイスを行う」――。当時の行政院長から、すぐに「問題ないですよ」という返事をもらい、受諾したのだといいます。

「国」の規模や歴史、統治機構など、様々な点で違いがありますから、単純にお手本になる話ではないかもしれません。しかし、我々のすぐ近くでこのような政治が行われているという事実は、知っておいて損はないでしょう。

佐藤　そう思います。

子を縛らなかった親が天才を育てた

池上 オードリー・タン氏のここまでの人生を振り返ってみると、両親の果たした役割も、ものすごく大きかったですよね。子どもを型にはめたり、進路に口出ししたりせずに、自由にさせたことにより、持って生まれた才能が邪魔されることなく開花したわけだから。

佐藤 両親は、ともに『中国時報』という新聞社に勤める知的エリートでした。父親は、子どもの意見を否定せず、何の概念も植えつけようとはしない「クリティカルシンキング」の持ち主。一方母親は、既存の型や分類にとらわれずに自分の方向性を見つけていく「クリエイティブシンキング」で自分に接してくれた、と著書では語っていますね。まあ、そんなふうに親の思考法を定式化できるところも、天才の所以なのですが（笑）。いずれにしても、両親がともに「子どもの探求心を抑えつけてはいけない」というポリシーを持っていたのは、タン氏にとって幸いでした。

池上 十二歳でインターネットと出合ったタン氏は、すぐにプログラミングにその才能を発揮し、十四歳で中学を退学して、独学で勉強を始めるわけですね。子どもが並外れた俊才だとわかっていても、さすがに高校にも進学させないというのは、簡単な決断ではなかったはずです。

佐藤　でも、後から考えると、そこが一つの分岐点だったわけですね。すぐに台湾で会社を起こし、十八〜十九歳にかけて今度はアメリカのシリコンバレーに渡って起業し、三十三歳でビジネスの現場から引退した後は、音声アシスタント「Siri」の開発などに参画するというキャリアは、そこからスタートしたのですから。

池上　タン氏に関してもう一つ忘れてならないのは、性的マイノリティ、トランスジェンダーであるということです。二十四歳の時、そのことを公表したわけですが、基本的にそれで不利益を受けることはなく、政府の要職にまで就いた。

佐藤　それもまさに、台湾のダイバーシティです。正直、日本でそういう人が頭角を現したら、どんな状況になるでしょうか？

池上　二〇二一年六月に、超党派で合意していた「ＬＧＢＴ理解増進法案」が、自民党内の理解が得られず国会に提出さえできませんでした。それが日本の現状です。

佐藤　政治レベルもそうなのですが、この国の草の根におけるＬＧＢＴＱに対する差別、偏見には、本当にひどいものがあります。「日本版オードリー・タン」が出てきたら、ネット上がどんな状況になるか、想像に難くありません。

私より一〇歳年長の知人にゲイの人がいるんですよ。結局、一九八〇年代にオランダに移住してしまったのですが。

池上 そうなんですか。

佐藤 日本の中で社会の軋轢を感じて暮らすより、偏見のない世界でパートナーと生きる方がいい、と。立派だったのは、その人のお父さんが、「自分には理解できないが、理解できないことが自分の限界なのだろう」と言って、子どもの選択を認めていたことです。

池上 親に認められたのは幸いでしたが、社会からは逃げたくなるほどのプレッシャーを受けていたのですね。

佐藤 そう思います。恐らく台湾では、オードリー・タン氏に対してネット上で中傷が浴びせられるような状況には、ならなかったのだと思います。ダイバーシティに裏打ちされた、ネット社会のリテラシーの高さと言えるでしょう。

池上 そこも、日本とはかなりの違いがあります。

ところで、タン氏は中学生だった一九九五年に、一位を取った「全国中学生科学技術展」の表彰式で李登輝総統に会ったことがある、と語っています。著書では、李登輝の進めた総統直接選挙をはじめとする民主化を高く評価していますが、自身が政治に直接参加したのは、二〇一四年に起こった「ひまわり学生運動」でした。

佐藤　その前段としては、父親が政治学を学ぶためにドイツに渡り、そこで一年間一緒に暮らした経験がありました。ドイツには、八九年の天安門事件の後に亡命した中国人たちが多くいて、父親がよく家に呼んで様々な議論を交わしていた。当時小学生だったタン氏もそれに耳を傾け、「民主主義とは何か」といった問題に目を開かされていったんですね。

池上　「ひまわり学生運動」というのは、中国との間に「サービス貿易協定」を締結しようとした当時の国民党の政府に、学生たちが異を唱え、日本の国会に当たる立法院を約三週間にわたって占拠した出来事です。占拠といっても、学生たちは暴力的な方法で議場を封鎖したりするのではなく、議会との対話を求めていました。

タン氏らは、立法院内の学生たちの主張をライブ配信し、外にいる民間団体ともつなぐことで、この運動を支援しました。おっしゃるように、議論の大切さを学んだドイツでの経験が生かされたのだと思います。最終的に四つの要求をまとめて立法院議長に提出したのですが、議長はその全てに応えるという形で、運動は勝利を収めたのでした。

佐藤　サービス貿易協定には、通信分野も含まれていました。もし政府案のまま結ばれていたら、台湾のネットインフラは「中国の協力によって」構築されていたはずだ、とタン氏は指摘します。現状の中国のネット環境を見るにつけ、後から考えると非常に大きな意味を持つ学生たちの行動だったと言わざるを得ません。

池上　それに直接関与したのは、タン氏個人にとっても大きな「成功体験」でした。

「親分政治」が続く日本

佐藤　あの著書を読む限り、オードリー・タン氏は、記憶力と情報処理能力で生きている人です。企画力に秀でているとか、そういうタイプではないと思うんですよ、あえて言えば。

高齢者にマスクを普及させるために、購入方法をキャッシュレスから健康保険カードを持っていくやり方に改めた、というエピソードを紹介しました。新たな方法を考案するというのではなく、所与の条件を整理して、そこから最適解を導く。こういうのは、ある意味「霞が関的な力」です。元官僚として言わせてもらうと、この手の人は日本の官庁にも結構いるのです。霞が関が普通に機能していれば、もっと表に出て活躍できるはずなのです。

池上　普通に機能していれば。（笑）

佐藤　ところが、怖くて表になんか出られない。例えば、鳴り物入りで新設されたデジタル庁の平井卓也デジタル大臣が、官僚たちの前でこんなことを言いました。

朝日新聞が入手した音声データによると、平井氏は4月上旬にあった内閣官房IT総合戦略室のオンライン会議で、減額交渉に関連して、「NECには（五輪後も）死んでも発注しない」「今回の五輪でぐちぐち言ったら完全に干す」「どこか象徴的に干すところをつくらないとなめられる」などと発言。さらに、NEC会長の名をあげ、幹部職員に「脅しておいて」と求めていた。

「朝日新聞デジタル」（二〇二一年六月十一日）

音声データには、「やるよ、本気で。やる時は」というひとことも記録されていました。

池上　どこの「組織」というより、どこの「組」の会合なのでしょうか、という話です。もうみんな忘れているかもしれないけれど、二〇一三年六月、安倍政権の時に「世界最先端ＩＴ国家創造宣言」というのを閣議決定しているのです。その中で、「二〇二〇年までに、世界最高水準のＩＴ利活用社会の実現とその成果を国際展開すること」という目標を掲げているのです。本当にそういう意気込みならば、せめて「デジタル改革」のトップには、それにふさわしい人材を登用しないと。

佐藤　二〇一八年にも、サイバーセキュリティ基本改革法案を担当していた桜田義孝五輪相が、国会答弁で「自分でパソコンを打つということはありません」「ＵＳＢを使う場合は穴に入れるらしいんですけど、細かいことはよく分かりません」と答弁していました。

池上　その「事件」は海外メディアの注目も集め、英ガーディアン紙は「ハッカーが桜田大臣を標的にしても、情報を盗むことはできないだろう。ある種の最強のセキュリティーだ」と皮肉りました。

佐藤　北朝鮮の水力発電と同じで、コンピューター制御されていないからサイバー攻撃には強い（笑）。あの国は、鉄道のダイヤグラムも定規とペンで組んでいます。
　我が国も、そんな水準の大臣から、数年で「やる時はやる」になったのだから……。

池上　いやいや、我々日本国民が皮肉で済ませるわけにはいきませんよ。

佐藤　残念ながら、そういう「親分」が、永田町や霞が関には平井さん以外にもいっぱいいるわけです。そんな「たこ部屋」みたいな土壌だから、ボトムアップとかフラットな関係などというのは、夢のまた夢。官僚が何か提案しようものなら、「なめるなよ」と言われて自分が干されてしまう危険がありますから。

池上　他国の統治や「白色テロ」の時代から民主主義を勝ち取り、それこそＩＴも目いっぱい利活用してコロナの拡大を防いだ台湾と比べると、日本の組織自体がいかに古色蒼然、頑として変わらないのかがよく分かります。

佐藤　たまたまプライム・ビデオで野間宏原作の『真空地帯』を見たんですよ。例えば「七つボタン」（予科練）の制服を着たいとか、特攻兵に志願したいとかの目標があるわけではなく、戦地に赴きたくはない、とぐろを巻いている軍隊の集団内の暴力。これが繰り返し描かれていく。

池上 戦場に行きたくない軍隊というのは、もはや組織としての目的を失っています。

佐藤 そうです。組織の存続だけが目的になっている組織での、無意味な暴力の応酬なのです。「たこ部屋」を放置していれば、日本のそこここが、そういう「真空地帯」化していくような気がします。

池上 だから、笑えない話なのです。

価値観は多様であることを理解する

佐藤 「組織で生き延びる秘策」というのが本書のテーマではありますけど、オードリー・タン氏本人から学べることは、ほぼないと言っていいでしょう。タン氏の拠って立つのは、IQ180ともいわれる頭脳、暗記力と情報処理能力ですから、太刀打ちできる人はめったにいない、と言うと身も蓋もないのですが。学べるとしたら、自分もオードリー・タン氏のように活躍できるのでは、と勘違いをしないこと。

これは、当人の能力の問題もさることながら、組織の壁もあります。日本では、企業でも、今話したような「親分型」のところが多いですから、そういう場所でオードリー・タン氏を気取ると、やっぱり干されるかもしれません。

池上　フラットな組織を標榜して、それを実践している会社も増えてきました。まずは自分の属している組織がどういう仕組みになっているのかを、正確に把握することが大事だと思います。

自分はオードリー・タン氏にはなれないけれども、自分の部下に周囲も認める能力を持った部下が配属されるというのは、あり得ることでしょう。そういう場合には、どのように接したらいいのか？

佐藤　組織で生き延びるためには、そういう人には極力「触らない」ことですね。へたにマネジメントしようとして失敗すると、自分の方が危なくなりますから。

池上　もう少しポジティブな言い方をすれば、「使える人間は使う」というマインドで、自由にやってもらえばいいのではないでしょうか（笑）。気持ちよく働いてもらって、できれば上司としてもポイントを稼ぐ。

佐藤　蔡英文を見習って。ただ、逆に上司やあるいは同僚がそういう人間だったら、これは基本的に「近寄らない」のがいいでしょう。能力以上のことを要求されたり、比較されて失点したりするのが関の山ですから。

池上　私もビル・ゲイツやマーク・ザッカーバーグの部下にはなりたくないですね。平気で人を裏切るスティーブ・ジョブズも（笑）。ただ、どんなに人間的に「問題」がある人物であっても、そういう人たちは、放っておけば何事かを成し遂げてしまうわけです。

佐藤　人間性も含めて個性だから（笑）。ですから、自由にやってもらってもかまわない。ただし、火の粉は被らないようにするのが大事なのです。

池上　そういう個性を徹底的に潰しにかかるのが、日本社会ですよね。ホリエモン（堀江貴文氏）とか村上ファンド事件の村上世彰氏とか。

佐藤　彼らは、証券取引法違反という「けしからん罪」で司直の手にかかり、手掛けていたプロジェクトからの撤退を余儀なくされました。

池上　オードリー・タン氏に関しては、親が立派だったという話をしました。子育て世代の親が、そこから学ぶべきことは非常に多いと思うんですよ。タン氏のような成功例もあれば、一方でこれまでどれだけ多くの子どもたちが、親の偏見によってその潜在能力を開花させられずにきたことか。

佐藤　考えてみれば、それも恐ろしいことです。

池上　とにもかくにも、親の常識や価値観だけで子どもを判断したり、枠にはめたりしてはいけない。時代がこれだけ大きく変わっているのだから、子どもたちは自分とは違う世界を生きていると理解した方がいいと思うのです。

佐藤　親の務めは、人それぞれ違う価値観を持っていることを教えること。多様性に目を開かせることとです。

多様性という話では、これもまさにオードリー・タン氏が体現しているわけですが、性的指向、自己認識の問題で子どもが潰れないように、ここは全力でフォローする必要があります。ＬＧＢＴＱがオープンになり、それへの理解が徐々に進む一方で、さきほど述べたような日本社会の偏見が簡単になくなることは考えられません。特に学校現場では、この問題がこれからますます重要性を帯びてくると思うのです。

池上　親まで無理解な「敵」になってしまったら、子どもは逃げ場がなくなってしまいます。さっきの佐藤さんの知人のような家庭でありたいですね。

子どもが「学校に行きたくない」と言い出したような場合も同じだと思います。親は当然不安になるのですが、頭ごなしに「登校しろ」と言ったりするのではなく、子どもがなぜそんなことを言うのかをよく聞いて、寄り添う。

佐藤　大きな話をすれば、政治の仕組みも軍隊も学校も会社組織も、ある時代に要請されたシステムのパッケージとして生まれたもので、日本ではそれがもう明らかに限界にきているのです。そのことを認識するのが、すごく大事になるのではないでしょうか。

池上　問題は子どもではなく、学校という組織の側に存在する場合もある。

佐藤　明治以来の教育は、基本的に「短時間で均質な人間を養成する」ことをコンセプトに行われてきました。その目的を達するためには、暴力を行使して体で覚えさせるのが、一番手っ取り早いのです。そういう「暴力性」が、様々な組織の評価システムの中に組み込まれて、今も生きている。

池上「脅しておいて」というデジタル改革大臣の発言が、見事にそのことを証明していますね。

佐藤　その通りです。ですから、そうしたシステムに適合できない人間がいても、決して不思議なことではないのです。

池上　もちろん不登校を推奨するわけではありませんが、親はそうしたことも踏まえて、どうしたら子どもが希望を失わずに幅広い選択肢を持てるのか、という視点に立って考える必要がありますね。

社会全体としても、従来の常識から外れた、あえて言えば「異端の人」を認めて、活躍できる環境をどうやって整備するのか、真剣に考える時期にきているように思います。

佐藤　事情の異なる海外のことだと片付けるのではなく、オードリー・タン氏やその個性を育てた台湾社会のダイバーシティ、インクルージョンに学ぶものは少なくないと感じます。

【生き延びるための秘策6】

自分の常識、価値観が通用しなくなっているかもしれないと自覚しよう

◎大谷翔平や八村塁のように見たこともない才能に恵まれた部下や後輩が現れたら、極力、触らないで自由にやってもらおう。

◎自分の常識、価値観、知識で理解できなくても、成果を出している若手は重用しよう。時代は驚くほどの勢いで変わっている。自分の常識や価値観が使い物にならない危険があることを謙虚に受け止めよう。

◎子どもが「学校に行きたくない」と言いだしたら、なぜそうなのかをよく聞こう。

基本的に組織や学校というものは、その時代の要請に従い効率重視で作り上げられたシステムだ。時代の変化によって、そのシステムにはまらない人物が出てくるほうが自然である。現代の日本では、学校もあらゆる組織も明らかに限界が来ている。ところが、日本社会はそうした現実から目を背けようとしている。自分が会社に行きたくないと思ったときにも、ただひたすら根性で乗り越えるだけが

能ではないと知っておこう。

第七章

アウンサンスーチー

苦しいから逃げたいとき

Aung San Suu Kyi（一九四五―　）

ミャンマー（ビルマ）の反体制民主化運動指導者。「建国の父」アウンサン将軍の長女として生まれる。一九六七年、イギリスのオックスフォード大学を卒業し、イギリス人の研究者と結婚したが、八八年にミャンマーで民主化運動が高まり、イギリスから帰国。最大野党「国民民主連盟（ＮＬＤ）」の総書記として民主化を推し進めるが、軍事政権によって自宅に軟禁される。九一年ノーベル平和賞受賞。二〇一六年に外相・大統領府相・国家最高顧問に就任したが、二一年に再びクーデターが起こり、軍に拘束される。

Q 医療従事者です。新型コロナ感染恐怖の中で仕事をしています。コロナ患者を受け入れない病院もあるので、転職したいと思っていますが、仲間を置いて「戦線離脱」するのも心苦しく、踏切りがつきません。人の役に立ちたいという思いで医療従事者になったものの、毎日の出勤がつらいです。

A 第一章で述べたように、基本的には危険からは遠ざかったほうがいい。ただし、逃げないことで「神話」になることもある。

佐藤　この長期にわたるコロナ禍で、医療従事者の方々の負担は並々ならぬものがあると思っています。そのコロナ治療の現場が苦しいから逃げたい——ということだそうです。

池上　だいぶ深刻な内容ですよね。

佐藤　基本的には、第一章で申し上げた通り、逃げたいと思ったら逃げたほうがいい、というのが私の意見なのですが、もともと使命感を持って医療の世界に飛び込んだ方のようですから、簡単に「逃げればいい」とだけ助言するのも無責任のような気がします。もしかしたら、アウンサンスーチー氏は参考になるかもしれません。

池上彰がスーチー氏から受けた仕打ち

池上　二〇二一年二月に起こった軍部のクーデターで、ミャンマーの国家顧問だったアウンサンスーチーが、軍に拘束される事態になりました。彼女が先頭に立って民主化を進めたミャンマーが今後どうなっていくのか、世界の注目が集まっています。

ところで、ほとんどの日本人は、彼女に対して、国の民主化のために軍政と戦ってきた勇敢なヒロイン、「ミャンマーのジャンヌダルク」のようなイメージを持っているのではないでしょうか。まあ、それが間違っている、と言うのではないのですが……。

佐藤　実はこの人の評価も、そう単純ではないですよね。

池上　最近では、ロヒンギャ難民問題で、どうして適切な手を打たないのか、と国際社会からも批判されていました。ただ、それとは別に私が困惑を覚えるのは、彼女の〝人となり〟についてなのです。何を隠そう、私も「被害者」の一人なので。

佐藤　何があったのですか？

池上　インタビューのＯＫをもらってミャンマーまで行ったのに、先方の都合でドタキャンされたことがあるのです。それも、一度ならず二度までも。

一度目は、軍による軟禁が解け、自由に政治活動ができるようになったというので、彼女が党首を務めるＮＬＤ（国民民主連盟）と連絡を取って、出かけた時です。前日に現地に着いてみたら、広報担当の人が、「スーチーは、明日から選挙運動を始めるための準備で忙しく、お会いすることはできません」と。

今度こそ、と思って行った二度目は、ヤンゴンでのアポだったのに、首都ネピドーに出かけてしまった、と。約束が違う、と現地まで追いかけたのですが、やはり「都合が合わないから」とにべもなく断られてしまいました。ネピドーは、二〇〇六年にヤンゴンから遷都されたのですが、首都とはいってもも内陸のとんでもない田舎町で、車で片道六時間もかかるのです。

佐藤　空路は？

池上　私が行った二〇一〇年当時は、航空機は政府のお役人優先で、予約していても勝手にキャンセルされることがある、という状況だったんですね。だから、陸路を行きましょう、ということになったのですが、結局無駄骨。ここに至り、スーチーさんはNLDの「女帝」であることが、よく分かりました。彼女の気が変われば、組織は従うしかない。

佐藤 それは災難でしたね。でも、日本を代表するジャーナリストにそういう仕打ちをしたら、後が怖い。(笑)

池上 いやいや、そんなことはありません(笑)。それに、収穫ゼロというわけでもなかったんですよ。一度目の時に、ドタキャンされて呆然とするこちらを見て哀れに思ったのか、NLDの人がスーチーの自宅に案内してくれたのです。

佐藤 何度も軟禁された家ですね。

池上 いや、驚きました。軟禁と聞くと、家に閉じ込められて、玄関の前には銃を構えた見張りが立っていて、というイメージだと思うのですが、とんでもない。湖に面した一等地の広大な敷地に、アウンサンスーチーのお屋敷が建っているわけです。で、周囲には、身の回りの世話をする人たちの住む家が別にある。邸内には広い花畑もありました。スーチーのトレードマークとなっている髪に挿した生花は、そこに咲いているものだったのです。自由に散歩もできるし、彼女が置かれていた環境は、それまで抱いていていたものとはずいぶん違うな、というのが率直な感想でした。むろん、その中に行動を制限して政治活動を禁じる行為は、許されることではありませんが。

佐藤　ある日本の著名な政治家は、「スーチーは、ミャンマーの田中真紀子だ」と言っていました。

池上　ああ、同じことを、当時彼女に会ったことのある現地の日本人が、異口同音に口にしていましたよ。彼女は「建国の父」として今でも国民から尊敬されているアウンサン将軍の娘であり、外から見ていると素晴らしい人物なのだけど、近づけば近づくほど「圧」を感じるのだ、と。

佐藤　どこかに、「人間は家族と使用人と敵」という田中真紀子さんの発想に通じる部分があるのかもしれません。

池上　いずれにしても、一般的に考えられているスーチーの印象と実際とには、ちょっとした落差があるのは、事実です。虚像と実像と言っては、言い過ぎかもしれませんが。

偉大な父がつくった軍と対峙する困難

佐藤　二〇二一年の軍部のクーデターに対しては、「日本政府は、軍事政権に対してももっと強硬な姿勢で臨むべきだ」という意見があります。ただ、この問題も「連立方程式」だと認識する必要があるでしょう。前提として、かつて三年間、あの国に日本軍が展開していたという事実を忘れるわけにはいきません。

池上　しかも、かなり深くて複雑な関わり方をしていますからね。

佐藤　そういう国との外交は、特に注意が必要なのです。

池上　ミャンマーの現代史も、混乱の連続でした。王政だった十九世紀にアジアに進出してきたイギリスと戦争を繰り返したあげく、一八八六年にイギリスの植民地になります。その後、独立運動が起こり、一九四三年にビルマ国が建国されました。その戦いの中心にいたのが、誰あろうアウンサン将軍だったわけです。そして、この時日本軍は、アウンサンと共闘してイギリスと戦いました。

佐藤　日本があえてそこに出ていったのは、重要な「援蔣ルート」を遮断するのが主な目的でした。

池上　「援蔣ルート」と聞いても、今の若い人たちはたぶん知らないでしょう。大日本帝国と戦っていた中華民国の蔣介石政権を軍事援助するために、イギリス、アメリカ、ソ連などが構築していた輸送路のことで、その一つが「ビルマルート」だったのです。

佐藤　だから、あの地域は地政学的にも大変重要な場所なのです。かつては、中国に物資を輸送するルートだったわけですが、今や中国の進出をどう抑えるのか、という観点から注視せざるを得ない「ミャンマールート」になっている。

池上　そういうことになりますね。ちなみに、国名が「ビルマ」から「ミャンマー」に改められたのは、一九八九年六月十八日のことです。

当時の状況を日本軍の視点から見ると、こうなります。輸送路遮断の意図をもってあの地域を眺めてみたら、反イギリスの独立運動を指導するアウンサンという人物が目についた。「これは使える」と考えて、資金援助、軍事支援を約束した上で、当時は日本の占領下にあった中国の海南島に仲間たちとともに連れてきて、軍事訓練を施すわけです。そして、彼らの独立を支援するという形を取って、攻め込んでいく。その結果、まんまとイギリスを追い出すことに成功しました。

佐藤　国会図書館で、陸軍中野学校の「校史」が閲覧できるのですが、中に「謀略は誠なり」という一文があります。要するに、現地の人たちを納得させられなければ、謀略は成立しない、というわけです。

池上　この場合は、「独立を支援する」という大義名分がありました。

佐藤　だから、ミャンマーとインドネシアでは、それが成功したのです。さしもの陸軍中野学校も、中国で同じような謀略はやりませんでした。どう考えても侵略で、納得させるのは無理だから。

池上　しかし、謀略に成功した日本は、約束を違えて、その国を我が物にしようとした。だからアウンサンは、今度はイギリス側に寝返って抗日戦争に決起し、終戦になります。ところが、イギリスは出ていかなかった。最後の独立闘争の末にビルマ連邦ができたのは、一九四八年だったのですが、それを見ることなく、アウンサンは暗殺されてしまいました。

ところで、さきほどの海南島の軍事訓練に結集した若者たちは「三〇人の志士」と呼ばれ、アウンサンの死後、彼らが母体となってビルマの国軍が創設されました。つまり、国軍のルーツは日本軍だったわけです。それが証拠に、ミャンマー軍の中では、「軍艦マーチ」をはじめ、日本の軍歌が今でも演奏されているんですね。

佐藤　スーチーにしてみれば、偉大な父親がつくったといってもいい組織と、厳しく対峙していることになります。そのこと一つとっても、ミャンマーという国の複雑さが理解できるはずです。

強烈なファザコン、そして民主化のシンボルへ

池上　冒頭でさんざんスーチーさんをディスるようなことを言いましたけど、最初のドタキャンの時には、ＮＬＤの事務所で車から降りてくる彼女を間近に見てもいるんですよ。まあ、気品のあること。神格化に近いような人気を博すのも、分かるような気がしました。

佐藤　アジアで言えば、フィリピンのコラソン・アキノとか、最近でも香港民主化運動のアグネス・チョウ（周庭）とか、華のある女性が「抵抗運動」に入っていくと、一気に注目されてシンボル化されるところがありますよね。「自由の女神」のように。

池上　天安門事件の柴玲《さいれい》もそうでした。

スーチーの場合は、「建国の父の娘」という出自も被さっています。ただし、アウンサンが亡くなったのは、彼女が二歳になったばかりの時ですから、父親の記憶は母親のキンチーをはじめとする周囲の人たちに教え聞かされたものなんですね。そんな父親を彼女自身も尊敬し、誇りに思っていた。アウンサンの姿を追い求める強烈なファザーコンプレックスの持ち主であることは、間違いないでしょう。

佐藤 そうだと思います。

池上 彼女は、一九六〇年、一五歳の時に、母キンチーが駐インド大使に任命されたのを機にビルマを離れ、以来長く海外で暮らすことになります。

佐藤 イギリスのオックスフォード大学に留学するんですね。

池上 二十六歳の時に、学生時代から親交のあったマイケル・アリスというイギリス人研究者と結婚し、子育てが一段落した後、オックスフォードなどを拠点に勉強を再開します。テーマは「ビルマのナショナリズム」だったのですが、大きな比重を占めたのは、「父の研究」です。二〇一二年に出版された『アウンサンスーチー——変化するビルマの現状と課題』には、こうあります。

アウンサンスーチーはまた、父アウンサンの思想と行動（生き方）を知り、それがビルマ・ナショナリズムの歴史の中で、ほかのナショナリストたちといかに異なっていたかを証明したい思いにもかられていた。彼女は機会あるごとにオクスフォードやロンドン（注：ロンドン大学）で父に関する書籍や公文書館所蔵の資料を読み、ビルマへ里帰りするたびにビルマ語で書かれた父の業績に関する本や資料も手に入れ精読した。

『アウンサンスーチー——変化するビルマの現状と課題』
（根本敬・田辺寿夫著、角川書店）

そして、父について調べていくうちに、必然的に「日本との関係」に関心を抱くわけですね。

佐藤　海南島での軍事訓練を受ける前、アウンサンは日本にも立ち寄っています。さらに、日本軍と共闘してイギリスを退散させた直後の一九四三年三月には、日本に招かれて、旭日章を与えられました。

池上　当時は、面田紋次《おもたもんじ》という日本名を名乗っていた。そのくらい、日本との関係は深いのです。

日本側からの調査が必要だと感じた彼女は、一九八五年に来日します。一〇ヵ月間、京都大学に客員研究員として籍を置きながら、外務省外交史料館や国会図書館などに通い詰めて資料の収集や調査に勤しむ一方、父と交流のあった元日本軍関係者などへの聞き取り調査をしたんですね。そのためには日本語力が不可欠だと、来日前にオックスフォードで二年間勉強したといいますから、その情熱たるや。

佐藤　「父への思い」がひしひしと伝わってきます。強烈なファザコンともいえますが。

池上　スーチーの人生には、ドラマ性も花を添えます。マイケル・アリスとの結婚に際しては、独立闘争を指揮した人間の娘が、旧宗主国の男性と一緒になることを国民がどう思うのかに悩み、夫に対して「もし国民が私を必要とした時には、私が彼らのために働くのを手助けしてほしい」という内容の手紙を書いた。そして、その通りになってしまいます。

何事もなければ、静かにイギリスで研究者としての生活を送れたかもしれませんが、一九八八年三月に、母の看病のためにたまたま祖国に帰国したことが、運命を変えました。そこでは、学生を中心とした反政府運動が盛り上がりつつあったわけです。

佐藤　当時のビルマは、一九六二年三月に軍事クーデターで権力を掌握したネ・ウィン率いる軍が主導する「ビルマ式社会主義」の体制でした。ほぼ鎖国状態で、謎に満ちた国でもあったのです。ただ、国内では体制に対する不満が高まり、おっしゃるようにビルマ史上には前例のないような大衆運動が展開されていた。「アウンサンの娘」が帰国していることは、すぐに活動家たちの知るところとなります。

当時について、さきほどの本では次のように書かれています。

（略）母の看病が目的で帰国したアウンサンスーチーだったが、彼らとの交流を通して、自分の祖国が大きく揺れ動く時期に直面していることを直感した。運動が同年（注：一九八八年）8月を境に、単なる反ネィウィン運動（ビルマ式社会主義体制の打倒運動）から民主化と人権の確立を求める運動にその性格を変容させ、市民たちの合流も見られるようになると、彼女もついに表舞台への登場を決意するに至る。

『アウンサンスーチー――変化するビルマの現状と課題』

池上　本格的な「デビュー」は、八月二十六日にヤンゴンで開かれた参加者一〇万人ともいわれる大集会でした。そこで彼女は、「この運動は、第二の独立闘争ということができます。私たちは——民主主義の独立闘争に加わったのです」とスピーチし、大衆の心を摑みました。まさに「ビルマ民主化のシンボル」が誕生した瞬間と言っていいでしょう。

佐藤　しかし、それはまた政治家としてのスーチーの、苦難の始まりでもあったわけですね。九月には、民主化運動の高まりを恐れた国軍が全権を掌握し、形の上では複数政党制を認めたものの、NLDの書記長に就いた彼女は、軍政当局の徹底的なマークに遭います。そして、翌八九年七月、軍事政権によって一回目の自宅軟禁に処されました。

池上　それ以来、長期の自宅軟禁—解放を何度も繰り返すことになります。

スーチーといえば自宅軟禁が代名詞のようになりましたけど、国軍としても、最も厄介な敵とはいえアウンサン将軍の娘だから、捕まえて処刑するようなことはできなかったわけですね。

佐藤　それはあると思います。

池上　紆余曲折を経て、二〇一〇年に民政移管に向けた総選挙が行われ、直後にスーチーは三度目の自宅軟禁を解かれました。およそ半世紀ぶりに文民の大統領が誕生したのは、二〇一六年のことです。「女帝」であり「シンボル」。そんなスーチーがいたからこそ、ミャンマーの一連の民主化が達成されたのは、確かでしょう。

「逃げない」力。だから勝利したともいえる

佐藤　それにしても、スーチーが一番立派だったのは、逃げずにずっと国にとどまったことですよね。

池上　そう。逃げようと思えば逃げられたのに。

佐藤　むしろ国軍は、逃げて欲しいと思っていたでしょう。

彼女には、例えばイギリスやアメリカに行けば、大学の先生といった働き口がいくらでもあったはずです。在外の民主活動家として存在することもできた。でも、そうしませんでした。「アウンサンの娘」という立場があるとはいえ、それは彼女にとって大変な決断だったと思います。

池上　家族も「残して」きているわけだから。イギリスにいる夫マイケルは、一九九九年に、がんで余命数ヵ月という診断を下されます。マイケルは、結婚当初の約束通り、

八八年にスーチーがビルマに渡って以来、イギリス国内で妻の活動を陰ながら支援し、二人の子どもの子育ても一手に引き受けていたわけです。当然、すぐにでも飛んでいきたかったでしょうけれども、彼女はこの時も国から出ようとはしませんでした。一度外に出たら、二度と入国が許されないことを分かっていたからにほかなりません。

佐藤　そう考えると、スーチーさんはあの男性と結婚したというより、国と結婚した感じがしますよね。だから、「家族と使用人と敵」という場合の「家族」は、すなわち「国民」ということになるのかもしれません。

池上　なるほど。そこは田中真紀子さんとは違うかも（笑）。スーチーさんの頭の中はそんな世界になっている感じが、確かにします。だからこそ、いまだに国民からあれだけ熱狂的な支持を受けているのでしょう。

佐藤　やっぱり、逃げない人間が最後には勝つのです。ソ連で、水爆開発に関わりながら後に人権擁護運動を展開し、アフガニスタン侵攻に抗議して流刑になったアンドレイ・サハロフ博士が、なぜあんなに尊敬されているかといえば、やっぱり逃げなかったから。そこが、アレクサンドル・ソルジェニーツィンとの違いなのです。

池上　ソルジェニーツィンは、国外追放でしたよね。

佐藤　小説家にこんなことを言うのは酷かもしれませんが、追放されるような環境を設えてしまった時点で「負け」です。

朴正煕元大統領の娘で成績優秀だった朴槿恵《パククネ》も、海外で活躍するという選択肢もあったのに、ファーストレディーだった母親が暗殺された文世光事件で留学先から帰国して、その後政界入りしました。友人の国政介入問題で大統領を罷免され、懲役刑を科されましたが、恩赦になった。

池上　「獄中記」はベストセラーになりました。

佐藤　今の韓国の政情を見ていると、カムバックの芽が全くないとは言えないのではないでしょうか。

池上　天安門事件の時の作家、劉暁波《りゅうぎょうは》もそうですね。アメリカにいたのに、わざわざ帰国して、学生たちを支援しました。事件後も、当局に睨まれた他の指導者たちが出国を許され出て行ったのに、釈放後も国内にとどまって民主化を訴えたため、何度も投獄される羽目になりました。でも、そうした活動が認められて、二〇一〇年にノーベル平和賞を受賞するわけです。

佐藤　ただ、彼が受賞したのは獄中で、結局授賞式にも出られないまま獄死してしまいました。「最後には勝つ」には、「ずっと生き残ることができれば」という条件を付けるべきかもしれません。

池上 天安門事件の柴玲は、中国政府に指名手配されるとフランスに逃げ、その後アメリカに渡って実業家になりましたからね。民主化運動からは、完全に離れてしまいました。

佐藤 その時捕まっていたら、どうなっていたか分からないですから。それはそれで、賢明な選択だったかもしれません。

池上 佐藤さんもあの「鈴木宗男事件」の際に逃げませんでしたね。

佐藤 実はあの事件のとき、私はある人から「逃げないか」と誘われたのです。後々肉体的、精神的、経済的にあんなにひどい目に遭うと分かっていたなら、逃げたかもしれませんが。(笑)

池上 正直、そういう気持ちは……。

佐藤 いや、一〇〇%ありませんでしたよ。何も悪いことはしていないし、部下たちのこともありました。

池上 でも、やはり逃げなかったことで、佐藤さんは作家、言論人として、余人をもって代えがたい今の地位を築くことができました。

佐藤　それは分かりませんが、刑事訴訟法が改正されて、微罪で五一二日も勾留されることはなくなったでしょう。そういう「貢献」はできたかもしれません。

スーチーは読みを間違えた？

池上　さて、クーデターで拘束されたスーチーは、複数の罪で裁判にかけられ、次々に禁固刑が言い渡される状況になっています。国軍は強硬姿勢を崩していません。

佐藤　今回は、スーチーが捕まっても、国際世論は全面擁護という感じにはなりませんでした。さきほども話に出た、ロヒンギャの問題があったからですね。

池上　私も、スーチーはいったい何をやっているんだ、と考えていた一人なのですが、今の状況を見ると、外から眺める以上に国軍の力が強力で、自由な発言ができなかったのではないかという気もするのです。

そもそも「国家最高顧問」というのは、憲法の規定上、彼女が大統領にはなれなかったので新設されたポストで、立憲主義の裏付けを欠いています。そういう「弱点」も露呈したのかな、と。

佐藤 そういう面は、確かにあると思います。ただ、スーチーは、国連の国際司法裁判所で、国軍がジェノサイド（集団虐殺）を行ったというのは「不完全で不正確だ」と発言したりしているわけでしょう。そこには、彼女の意思もみて取れるような気もするのです。ミャンマーという国の国家統合を維持していくために、この問題にこれ以上焦点を当ててもらいたくない、という。民族問題というのは、やはり外から見るほど単純ではないですから。

池上 これも日本人にはあまり知られていませんが、ミャンマーには、政府が認定しているだけで一三〇を超える民族が暮らしているんですね。超のつく多民族国家で、ロヒンギャ以外にも民族紛争が絶えない、という実態があります。

佐藤 さきほど「逃げなかった」という話をしましたが、国にとどまり、しかも事実上の最高権力者として政治を行う上では、冷徹な妥協も必要になったはずです。ロヒンギャの虐殺を黙認するというのも、そういうことなのではないかというのが、私の見立てです。善悪の判断は別として。

池上 ともあれ、ロヒンギャ問題では、「スーチーのノーベル平和賞を取り上げるべきだ」という話になるくらい、彼女の国際社会における信用が失墜したわけです。国軍からすれば、クーデターの千載一遇のチャンスに映ったのかもしれません。

佐藤　そう思います。裏を返すと、スーチーは、NLDの読みが甘かった。池上さんが指摘されたように、スーチーは超法規的な身分に自分を置きました。そういう形で国軍との権力のバランスを崩した場合には、常にクーデターの危機にさらされることになるのだ、という認識をリアルに持っていたのかどうか。ある程度民主化が進み、西側にも開かれたのだから、国軍も無茶なことはできないだろう、というような空気になっていた気がしてなりません。

ただ、こうなってしまうと、簡単に元に戻すのは難しい。国軍は賽を投げたわけですから、自分たちにとって明確な利益や大義名分がなければ、退くことはできないでしょう。

池上　民主勢力が、軍の弾圧から市民を守るためにといって「国民防衛隊」を創設したのも気になります。なんとなく、シリア内戦の初期の頃を彷彿とさせるのですが。

佐藤　一歩間違えば、同じ状況になる危険性は大いにあります。

事ここに至り、鍵を握るのは、やはりスーチーさん、ということになるのかもしれません。今までもそうだったのですが、彼女に求められるのは「バランサー」としての働きです。彼女は、なんだかんだ言って、国軍と話をすることができます。

池上　一目置かれていますから。

佐藤　国軍からすれば、利用価値もあるのです。彼女が民主派を束ねていてくれなければ、バラバラのテロ集団化するかもしれません。

池上　それがさきほどの民族問題と絡まったりすると、非常に厄介です。

佐藤　同時に、無理やり民政に戻そうとしたりすれば、述べたように内戦の可能性が高まります。クーデター以降、軍の弾圧による死者は一五〇〇人超と言われていますが、桁の違う犠牲者が出ることになるでしょう。

そういう事態を招かずに、民主派と国軍をつなぎ合わせることができるとしたら、スーチー以外に見当たらないわけです。彼女にとって、かなりの妥協が必要になるとは思うのですが。

池上　依然として、スーチーがミャンマーの歴史を左右する重要な人物であることは確かです。

「世襲の力」は侮れない

佐藤　もしスーチーさんが「悲劇の将軍」の娘でなかったら、民主化のシンボルにはなれなかったでしょう。世襲の力には、普遍的なものがあるわけです。家業を継ぐような場合、いろんなプレッシャーがあったり、逆に全く新しいことをやりたいと考えたりすると思うのですが、いずれにしても〝親の七光り〟を活用しない手はありません。

池上　相手が「あの人の子どもだから」と考えてくれている部分は、アドバンテージと考えて攻める。やり過ぎはまずいと思いますが。

それは、実の親に限った話ではないかもしれません。例えば、社内で有力な役員から覚えめでたい場合などには、そういうことを意識しながら行動することで、仕事がうまく回ることもあるでしょう。

佐藤　「スーチーさんは国と結婚した」という言い方をしましたが、日々の仕事や家庭生活においても、自分を中心に「同心円」を描いてみたらいいのではないでしょうか。自分にとっていいことは、会社や家庭にとってもいいこと、ひいては社会にとってもいいことなのだ、と。それを常に確認しながら行動すれば、大きな間違いは起きないと思うのです。

池上　もし、その円がうまく描けなかったり、歪んで見えたりする場合には、やはり一歩引いて、自分がやっていることについて考えてみた方がいいかもしれませんね。

あと、スーチーさんから学ぶとしたら、苦しくても逃げないことでしょうか。佐藤さんがおっしゃったように、「生き延びる」ことが前提ですが。

佐藤　乃木希典のところでも言いましたが、「理のない負け戦」だと分かっていたら、上手に逃げる機会をうかがうことも大事です。でも、信念を貫いて踏み止まれば、「逆転人生」が待っているかもしれません。

池上　佐藤優のように。あるいは、破綻した山一證券で、他の社員たちが職探しに奔走する中、事態の真相究明のために残って奮闘した一二人とか。『しんがり』というノンフィクション小説になり、ドラマ化もされました。

佐藤　私の場合はともかく、『しんがり』まで行けば、尊敬の対象です。

池上　株主総会で人事案が否決された東芝の例を見るまでもなく、会社でも「クーデター」は起こるわけです。そういう一大事の際には、スーチーさんのような誰もが一目置くような人を押し立てて、目的を成就させる、あるいは身を守ることを考えるのも、生き残りのための大事な戦術です。そういう人物とは、日頃から仲良くして、良好な関係を築いておく。

佐藤　そうですね。誰もがスーチーになれるわけではないですから。

【生き延びるための秘策7】

「逃げない」からこそ勝つこともある

◎世襲の力は侮れない……こともある。親の七光りをまとった人とはうまくやろう。

◎自分にとっていいことは、会社や家庭にとってもいいこと、ひいては社会にとってもいいこと、という自分中心の同心円を描いてみる。それが歪んで見えたら、一歩引いて、自分のしていることを考え直したほうがいい。

◎基本的には限界が来たら逃げたほうがいいし、危ういと思ったら逃げるほうが賢い。ただ、苦しくても逃げないと、神格化されることがある。アウンサンスーチーのように神話をまとうことができるかもしれない。

第八章

ドストエフスキー

逆境から抜けだす秘策

Fyodor Mikhaylovich Dostoevskiy（一八二一－一八八一）

ロシアの文豪。工兵学校卒業後、陸軍少尉として工兵局に勤務したが一年で退職。一八四六年、『貧しき人々』で作家デビュー。四九年、社会主義者のサークルに参加した容疑で死刑の宣告を受けるが、処刑直前に減刑されてシベリアに流刑される。借金返済のために作品を書き続け、ロシアを代表する作家になる。代表作に『罪と罰』『悪霊』『未成年』『カラマーゾフの兄弟』などがある。

Q　自分の過失でパートナーから離婚を切り出され、一〇年の結婚生活を解消しました。一人に戻り、さっぱりしたなどとは露ほども思えず、毎日、後悔でいっぱいです。仕事もうまくいかず、望まぬ部署への配置転換があり、気のせいかもしれませんが、「戦力外通告」のように受け止めてしまいます。こんな日々を抜け出す方法を教えてください。

A　苦境に陥った人には、ぜひドストエフスキーを読んでほしい。あらゆる人間のパターンが描かれ、作品の中に必ず「あなた」が見つかるからだ。

池上　家族が壊れて、仕事もうまくいかない。人生、何回もない逆境に立たされた時、どうやって乗り越えますか——という質問です。

佐藤　最初に言っておきます。そういう逆境、苦境を乗り越えるための特効薬はありません。ですが、漢方のように効くものはあります。ドストエフスキーです。

池上　二〇二一年が生誕二〇〇年でしたね。分析を始めましょう。

村上春樹作品にも影響が

佐藤　二〇二一年はドストエフスキー生誕二〇〇年でしたと言われても、すぐにはピンとこないと思いますが、二〇〇年前の一八二一年といえば、日本は江戸時代、十一代将軍・家斉の時代でした。ここで主な「教材」にする『カラマーゾフの兄弟』の雑誌連載が始まった一八七九年は、明治政府の手で琉球藩が廃止され沖縄県が置かれた「琉球処分」のあった年です。

池上　そうやって比較してみると、当時の彼我の差がよく分かります。それにしても、『カラマーゾフの兄弟』もそうなんですが、ドストエフスキーの作品は、とにかく暗くて重い。

佐藤　そんなドストエフスキーが、今世界中でよく読まれています。「悪い時代」に読まれる作家って、いると思うんですよ。世の中の先が見えない、あるいは何か大きな激動が起きるのではないかと、不安で仕方がないような時代に。

池上　それがドストエフスキーだと。

佐藤　そうです。裏返せば、ドストエフスキーが進んで読まれる時代というのは、よくない時代なのです。例えば『カラマーゾフの兄弟』には、農奴の幼い子どもが、地主のけしかけた猟犬たちに母親の目の前で食い殺された、という話が出てきます。こういう児童虐待が、ある種リアリティをもって受け止められるというのは、「そういう時代」だからだと思うのです。

池上　なるほど。確かに、こんな世の中だから明るい作品が求められる、というような単純な話にはならないですよね。

佐藤　暗いからこそ、「需要」があるわけです。ちなみに、日本の作家でもドストエフスキーを真正面から受け止めた人は結構いて、一人が埴谷雄高です。『死霊』なんていうのは、まさに。

池上　高橋和巳も影響を受けていますね。学生時代、彼の小説を読むたびに辛くなって、胃を壊した覚えがあります。（笑）

佐藤　現代においては、村上春樹がそうです。彼の作品の会話は、ドストエフスキーの会話体ですから。『1Q84』がヒットしたのも、「悪い時代」と無関係ではない気がします。

池上　彼は、人生で巡り合った最も重要な本として、フィッツジェラルドの『グレート・ギャツビー』、チャンドラーの『ロング・グッドバイ』、それに『カラマーゾフの兄弟』の三冊を挙げていました。小説『ペット・サウンズ』の訳者あとがきでは、「世の中には二種類の人間がいる。『カラマーゾフの兄弟』を読破したことのある人と、読破したことのない人だ」とも述べています。

佐藤　ドストエフスキーには『未成年』という作品もあって、未成年者が歴史を作っていくのだ、という思考が彼の中にはあるのです。村上作品に出てくるのも、みんな精神的に大人になり切っていない人間たち。

池上　確かにそうですね。

「大審問官」になりそこねた菅前首相

佐藤　では、その『カラマーゾフの兄弟』について論じていくことにしましょう。情熱漢ドミートリイ、怜悧なイワン、敬虔な修道者アリョーシャの三兄弟を軸に展開する、強欲な父フョードル・カラマーゾフの死をめぐる愛憎渦巻くミステリーの中に、「神と人間」、「生と死」という根源的なテーマを据えた長編——。ひとことで言えばそういう作品なのですが、白眉とも言えるのが「大審問官」のくだりでしょう。

池上　イワンがアリョーシャに語り聞かせた創作ですね。盲目の老人の目を治したり、死んだ少女を生き返らせたりした青年を異端審問官が捕らえ、処刑しようとする。審問官が彼の前で、「キリストの罪」について滔々と語るわけですね。例えば、こんなことを言います。

何のために生きるのかというしっかりした考えがもてなければ、たとえまわりがパンの山であっても、人間は生きることをよしとせず、この地上に生き残るより、われ先に自滅の道を選ぶだろう。たしかにそのとおり。が、結果はどうなったか。人々の自由を支配するかわりに、おまえは彼らの自由を増大させてしまった！　それともおまえは忘れたというのか。人間にとっては、善悪を自由に認識できることより、安らぎや、むしろ死のほうが、大事だということを。

人間にとって、良心の自由にまさる魅惑的なものはないが、しかしこれほど苦しいものもまたない。ところがおまえは、人間の良心に永遠に安らぎをもたらす確固とした基盤を与えるどころか、人間の手にはとうてい負えない異常なもの、怪しげなもの、あいまいなものばかりを選んで分けあたえた。だから、おまえのやったことは、まるきり人間を愛していないかのような行為になってしまった。しかも、それをしたのが果たしてだれかといえば、彼らのために、命を投げ出す覚悟でやってきた男ではないか！

『カラマーゾフの兄弟』第2巻（亀山郁夫訳、光文社古典新訳文庫）

佐藤　要するに、民衆に自由を与えても何もできないだろう。だから、自分たちが国民のために権力を行使する。逆らうものには、厳しく対処する。それが正しい道なのだ――というのが、大審問官の言い分です。

ちょっと横道に逸れますが、考えてみると、前総理の菅義偉さんなどは、この発想に近かったのではないでしょうか。

池上　パターナリズム（父権主義）ですね。国会の所信表明演説や、記者会見では国民向けにあまり語ろうとせず、東京オリンピック・パラリンピックや「ＧｏＴｏ」は「強行」した。

佐藤　「一本足打法」と言われたワクチン接種なんかもそうでしょう。「一日一〇〇万回」を結果的にやり切ってしまいましたから。二期目をかけた自民党総裁選で粘り抜いていたら、一流の大審問官になっていたと思いますよ。

大審問官というと極悪みたいなイメージですが、言い方を変えれば「愛に基づく独裁者」なのです。例えば、アルバニアの社会主義時代にエンヴェル・ホッジャという独裁者がいました。当時のソ連と対立し、後に中国も批判してほぼ鎖国状態の自給自足経済のようになるわけですが、恐らく国民が一番幸せだったのは、この時代だと思うのです。

池上　今があまりにも酷いから。

佐藤　そうです。社会主義時代は飢えることはなかったし、イスマイル・カダレのような優れた作家も世に出ました。ところが、一九九〇年代初めに「民主化」されて以降、国内でネズミ講が蔓延し、それらが破綻した結果、国の経済もやられてしまった。以来、国家統治が効かず、マフィアの巣窟みたいな状態になってしまいました。

ユーゴスラビアのヨシップ・ブロズ・チトーもホッジャのタイプですよね。北朝鮮の建国者、金日成の話にも、やたらと「愛」が出てきます。

池上　独裁者イコール権力欲に取りつかれた人物というわけでは、必ずしもない。

佐藤　そのモデルが大審問官なのです。だから、権力の権化だったアドルフ・ヒトラーは、大審問官ではありません。

池上　菅さんの後を継いだ岸田文雄さんからは、大審問官的な雰囲気はあまり感じませんね。

佐藤　ただ、政治家が、大衆社会ではみんなが無責任になりやすいから、社会全体を食べさせていくために自由を規制するのは間違っていないのだ、という誘惑に駆られがちなことは、理解しておく必要があるでしょう。特に代議制民主主義の国では。

池上　この間のコロナ禍で、政治家の側は、ますますそういう認識を強めたのかもしれません。

佐藤　議院内閣制の国だって、ボリス・ジョンソンやアンゲラ・メルケルのように「大統領化」することがあるわけですから。

池上　日本でも、小泉政権の頃から「総理大臣の力の強化が必要だ」といったことが盛んに言われて、ある意味それを完成させたのが、安倍政権でした。

佐藤　そう。日本の大審問官的な政治は、安倍政権から始まったのです。

池上　その結果、憲法に規定があるにもかかわらず、野党が要求しても国会が開かれないようなところまで、議会の力が相対的に弱まっているのが、今の日本です。
ドストエフスキーに話を戻しましょうか。（笑）

処刑寸前からの生還

佐藤　当然のことながら、彼の作品には、彼自身の人生が色濃く投影されています。
池上　まあ、波瀾万丈を絵に描いたような生涯ですよね。
佐藤　青年時代に父親が農奴の恨みを買い、殺害されてしまいます。それがきっかけだという説もあるのですが、持病のてんかんに悩まされ、作中にも同じ病の人が時々出てきます。
池上　ユートピア的社会主義のサークルに関わったために、官憲に逮捕されて、処刑寸前までいったこともあります。実際には、皇帝の特赦によりシベリア流刑となったわけですが。
佐藤　レオニード・グロスマンという作家がドストエフスキーの「日報」を記しているのですが、それを読むと、彼は処刑場に引き立てられても、死ぬことにぜんぜん恐怖を感じていなかった。革命に殉ずるとはこういうことなのだろう、と。ところが、刑一等減じられて命が助かったら、ものすごく怖くなったというのです。国家は自分を殺すことだけでなく、生かすこともできるのだ、ということに気がついて。

そもそも逮捕されたのだって、文芸評論家ベリンスキーの書簡を朗読しただけですからね。サロンの中にいた当局のスパイに密告されて、あわや命を落とすところだった。

池上　極限状態になって、国家というものの本当の怖さを知ったというところでしょうか。

佐藤　これは、死刑ではないけれども裁判までかけられた私には、皮膚感覚として分かります。執行猶予期間中は、別段何も考えずにいられたんですよ。ところが、二〇一三年六月三十日二十四時に何の連絡があるわけでもなくそれが切れた途端、体が震えましたから。こんな理不尽な目に遭うのは御免だ、二度と捕まりたくはない、と。それで、妻と一緒に、執行猶予期間中は取得できないパスポートを取りに行ったのです。晴れて自由の身になった証が欲しくて。

池上　ものすごく、リアリティがある話です。（笑）

佐藤　ですから、ドストエフスキーは、「帝政万歳」などと言いながら、国を信じてはいません。常に見張られているのではないか、と恐ろしくて仕方がないわけです。

池上　実際、監視されていました。

借金返済のために原稿を書き続ける

佐藤　『白痴』は海外で執筆したのですが、ロシアに帰国する際に草稿を焼き捨ててしまうんですね。国境の検問で引っかかって、また捕まることを恐れたのです。それくらい怯えていた。『白痴』が世に出たのは、再婚した妻アンナが、その写しを密かに人に預けていたから。

池上　ドストエフスキーの作品のいくつかを口述筆記した人ですね。

佐藤　二人の関係も、十分「劇的」なものでした。

　ドストエフスキーは、原稿料がとても安かったのです。当時は三二枚が単位なのですが、ツルゲーネフが五〇〇ルーブルくらいだったのに対して、彼は一五〇ルーブル。トルストイの『戦争と平和』とドストエフスキーの『罪と罰』は、ほぼ同時期の出版にもかかわらず、やはり原稿料に倍くらいの開きがありました。

池上　ああ、そうなんですか。

佐藤　そもそも、彼自身は仕事がしたくないわけです。博打《ばくち》で一発逆転というのを考えていて、ルーレットに行ってはすってしまう。それで、出版社に借金して、その返済のために書く。

池上　前借りですね。昔の日本にも、そうやって仕事をする作家が珍しくありませんでした。てんかんという持病を持っていたことに加えて、無類の博打好きだったということが、彼の生活にも作品にも大きな影響を与えましたよね。

佐藤　ただ、そういうふうに出版社に原稿を急かされるうちに、自分で書いていたのでは間に合わなくなってしまったわけです。ある編集者とは、期日までに長編を書かなければ、今後九年間にわたって彼の全著作を印税なしで出版できる、という契約まで結んでいました。ところが、ちょうどその時、『罪と罰』の連載を抱えていて、全く余裕がないわけです。そこで、口述筆記を頼んだ。

池上　それが、たまたま「できる」女性だったんですね。

佐藤　その結果、世に出たのが、その名も『賭博者』。ルーレット賭博の狂気の世界を描いたものです。期限ギリギリに脱稿して渡しに行ったら、「やり手」の編集者は逃げ回って締め切り日に受け取ろうとせず、約束を果たしたのはその翌日だった、というおまけ付きなのですが。ともあれ、ピンチを共有した二人は結婚します。

アンナは、速記だけではなく、借金取りを追い払うとか、本を自分で出して出版社に原稿料を抜かれないようにするとかで、ドストエフスキーの生活の立て直しにも大きく貢献しました。

池上　彼女と出会わなかったら、ドストエフスキー最後の作品にして『罪と罰』と並ぶ傑作である『カラマーゾフの兄弟』は、生まれなかったでしょう。

政府も神も信じない

佐藤　ところで、ドストエフスキーが政府同様信じないものがあって、それが神だと思うのです。心から神を信じる人間は、あんなに過剰に神の話はしないはず。

池上　キリスト教に造詣の深い佐藤さんは、そう見るわけですね。

佐藤　『カラマーゾフの兄弟』には、アリョーシャの師である高僧ゾシマという人物が出てきます。降りかかる困難から三兄弟を救おうとする高潔な人物として描かれるのですが、少なくとも彼は「聖人」ではありません。

池上　ほう、それはどうして？

佐藤　ゾシマは死後に腐って腐臭を発するでしょう。でも、ロシア正教においては、聖人は腐らないのです。さらに、彼は「動物を愛しなさい」と説くわけですが、これもおかしい。動物崇拝は、すなわち「偶像崇拝」になりますから、キリスト教では絶対に認められません。

池上　なるほど。真剣に神を信じているのならば、そういう描き方はしないはずだ、と。

佐藤　私に言わせれば、多くの評者が悪の象徴のように語る大審問官のほうが、よほどキリスト教的です。異端者とみなした人間を次々に焼き殺すことで、やがては自分自身も滅びるかもしれない。しかし、そうするしか多くの民を救うことはできないのだ、という覚悟を決めた人なのだから。

池上　人間の表層だけで、その善悪を測ることはできないということですね。

佐藤　ロシアの哲学者ミハイル・バフチンが、ドストエフスキーの創作手法には、ポリフォニー、多声性がベースにあると評しています。聖人君子のようなゾシマが、実は悪を宿しているのではないか。大審問官は、本当は「愛の人」ではないのか——。行間からは、絶えずそうした別の声が聞こえてくるのです。こういう構成になっているところが、ドストエフスキー文学の大きな特徴であり魅力です。

池上　そのことによって、手に取った人ごとに、読み解き方が違ってくる。そう考えると、逆に読後感がみんな同じという作品は、薄っぺらく感じられてしまいます。

佐藤　みんなが同じところで泣いて、同じところで笑うような「大ベストセラー小説」は、少なくともドストエフスキーとは対極にあると言えるでしょう。

ただし、大作を読破したからといって、そのことを自慢する時には、相手を選んだ方がいいかもしれません。外交官時代、日本からある高名な大使経験者がロシアに文化交流でやって来て、「ブルブリス国務長官と会いたい」と言うので、場をセットしたことがあります。ゲンナジー・ブルブリスというのは、弁証法的唯物論の哲学の先生で、ソ連崩壊のシナリオを書いた人物です。当時、私はとてもかわいがってもらっていました。

ところが、その大使経験者は、会うなり「私は、ドストエフスキーとトルストイから強い影響を受けました」と言うわけです。そもそもロシアでは、この二人を同じカテゴリーで語ることはありません。トルストイの小説というのは、本当の貴族文学でしょう。ドストエフスキーの方は、典型的な大衆小説ですから。

池上　なるほど。

佐藤　加えて、そのブルブリスという人は、「エリツィンを後ろで操る大審問官みたいな奴だ」と陰口をたたかれていて、そのことは本人の耳にも入っていた。わざわざそんな話をするのは、そういう自分への当てこすりなのか、と当人を除いて非常にまずい空気になったわけです。

池上　地雷を踏んでしまったのに、気づかない。(笑)

佐藤　よせばいいのに、その人は「特に『カラマーゾフの兄弟』は良かった」と続けました。ところが、ブルブリスが「なるほど。では、イワンとアリューシャとドミートリイと、この三人の関係についてどう思いますか?」と質問したら、下を向いて黙ってしまった。気まずい沈黙の後、「読んだけど、忘れました」と。(笑)

十九世紀ロシアの文芸評論家でニヒリストのディミトリー・ピーサレフという人が、「半教養は無教養よりも悪い」と言いました。この時ほど「けだし名言」と感じたことはありません。

池上　いろんな読み方ができるというのは、どれだけ深い読み方をするのか、考えるのか、と言い換えることもできるでしょう。その方の場合は、恐らく文章の表面をなぞっただけの一知半解だったために、ドストエフスキーに強烈なしっぺ返しを食らってしまったわけですね。

佐藤　付け加えておくと、ロシアと日本は、ドストエフスキーの読まれ方が似通っているのです。作品に人間の生き方とか、不条理さのようなものを投影させて読むでしょう。これは、実は珍しくて、ヨーロッパでは基本的に探偵小説なのです。

池上　ああ、フョードルを殺したのは誰か、という謎解きの要素が濃いのですか。その違いは知りませんでした。

佐藤　ヨーロッパでは、正しく大衆小説として読まれている、と言えばいいでしょうか。ロシアでは、大衆小説ではあるのだけれど、それを構成している重層的なポリフォニーを読み解こうとする傾向が強いのです。

池上　確かに日本も、両義性とか多義性とかを重視する社会ではあります。

佐藤　例えば俳句なんていうのは、多義的な理解をしていないと読めないでしょう。ドストエフスキー作品の行間が読めるのは、作家が「書き過ぎて」いないことの裏返しで、これも重要なところだと思います。

池上　だからこそ、多様な解釈の余地が生まれる。

佐藤　まあ、彼の場合は、書き過ぎるもなにも、さっきも言ったように、金を手にするためにものすごい勢いで書かざるを得なかったのですが。いい作品を書いて後世に名を残そう、などという考えは、さらさらなかったわけです。

池上　結果的には、そのおかげで数々の名作が生まれたのですから、皮肉と言うしかありません。

佐藤　これも結果論ですが、「口述文学」の良さも出ていますよね。言葉のやり取りが、実に生き生きしていますから。

後進国だからこそ生まれた名作

池上　それにしても、あれだけの大作を物した彼自身の気力、体力もさることながら、一八〇〇年代にそれこそドストエフスキーやトルストイのような大作家たちが活躍したロシアという国も、あらためて凄いと感じます。

佐藤　ロシアが後進国だったというのが、大きな意味を持っていたと思うのです。後発だから先進国にキャッチアップしていかなくてはならない。ただ、その行き方をめぐっては、スラブ派と西欧派という路線対立がありました。

池上　簡単に言えば、西欧とは異なるロシア独自の道を模索しようというのがスラブ派、西欧派はその名の通り、ヨーロッパに倣って近代化を実現すべきだ、と主張しました。当時のロシア文学は、単に芸術としてではなく、そうした国のあり方などをめぐって議論を交わす舞台、手段でもあったんですね。

佐藤　ですから、作品がとてつもない熱量を宿しているわけです。「ドストエフスキーは書き過ぎていない」と言いましたが、彼は書くべきところは細かく記述しています。

池上　どれもこれも長編ですから。

佐藤　今の「ロシアが後進国だった」という話に関して言えば、例えばフランスには、自然科学的な手法であるがままに描くという、モーパッサンなどに代表される自然主義文学がありました。ドイツでは、伝統的にロマン主義文学が強かった。しかし、当時のロシア社会の独特の雰囲気は、そういった先進国モデルに当てはめて語ることが困難でした。必然的に、字数を割いて丁寧に説明しなくてはならないことも多くなったわけです。

池上　長編でも冗長に感じないのは、作家が真剣に説明しようとしているからなのでしょうね。

佐藤　もう一点指摘しておけば、ドストエフスキーが作品を量産していた当時も、資本主義が「曲がり角」に指しかかった、暗い先の読めない時代でした。『罪と罰』に出てくる、ラスコーリニコフが居酒屋で知り合ったマルメラードフは、九等官の退職官吏でした。ロシアの官僚組織は十四等官まであって、九等官はキャリアなのです。ところが、その娘が売春して家を支えている。そこには、例えれば、旗本の娘が女郎部屋に売られる、というような社会変動が描かれているわけです。一方、ラスコーリニコフに殺される老婆は、十四等官の未亡人。

池上　にもかかわらず、あくどい高利貸しで蓄財していたわけですね。

佐藤　そのように資本主義下での逆転が起こった時代なのです。翻って現在は、新自由主義的な流れが一気に加速して、格差の拡大といった社会の歪みが、誰の目にも明らかになりました。むき出しの資本主義が本格化してくる時代の逆転と、「ポスト資本主義」時代の混乱。歴史を俯瞰して見ると、今と当時とには、そういう類似点があるように思います。

池上　卑近な例を挙げれば、財産を持つ高齢者を標的にしたオレオレ詐欺、アポ電詐欺は、現代版『罪と罰』ですね。こんなところに金を貯め込んでいるより、俺たちが使ったほうが世の中のためになる、という理屈は、ラスコーリニコフに通じるものがあります。

佐藤　時代状況が、そういう意識に反映するのです。

あなたは「誰」なのか

池上「多声性」というお話がありましたが、ドストエフスキーの作品には、とにかくいろんな個性を持った人物が登場します。

佐藤　しかも、一人として「まともな人」がいない。でも、周囲の人を見ると、みんな登場人物の誰かに当てはまるから不思議です。『カラマーゾフの兄弟』で言えば、情念で生きるドミートリイ、知性を拠り所とするイワン、善意を貫くアリョーシャ。父親のフョードルや使用人のスメルジャコフは、ちょっと「壊れた」タイプ。

池上　なるほど。そして、その「誰か」に当てはまるのは、自分自身も例外ではないでしょう。

佐藤　そうです。見方を変えれば、混乱した時代にどのような生き方を選択するのか、という類型を提示していると受け取ることもできます。

池上『カラマーゾフの兄弟』を読み込むことで、自分がどれに近いのかを客観的に確認しておけば、人の振り見て我が振りが直せるかもしれません。

佐藤　例えば、会社からリストラ宣告を受けたとします。不本意な部署への異動や、担当替えでもいいでしょう。そういう時に、「ふざけるな」と抗議して闘うか、冷静に今後の身の振り方を考えるか、社の苦境を思って静かに身を引くか、あるいは自暴自棄になって酒に溺れるのか。

池上　まあ、最後のは論外として、情念に従うのは人間らしいかもしれないけれど、一時の判断がその後の人生を大きく変えてしまうかもしれない。あるいは、良かれと思って身を引いたのに、組織にはそんな慮《おもんぱか》りなど微塵もなくて、自分だけがただ損をする結果になるかもしれません。

作品に関して言えば、ドストエフスキー自身は、どれがよくてどれがいけないという単純な描き方をしているわけではないですよね。類型を提示しているといっても、ドミートリイにしてもイワンにしても多面性を帯びているから、読み込んでいくと人間というものについて大いに考えさせられます。

佐藤　おっしゃる通りで、煩わしい上司も、多少なりとも多義性自体は孕んでいるわけです。

池上　仕事や生活の上で、「どう考えても無理」なピンチに陥った時にも、パニックにならずに冷静に状況を整理して、できることをやってみることの大事さを、ドストエフスキーは身をもって示しました。一〇年近く無報酬になる瀬戸際のところで、書くのではなく語るという技を採用して見事に困難に思えた仕事をやり遂げたのみならず、人生の伴侶までゲットしてしまった。(笑)

佐藤　人がそんな思いまでしているのに、最後に果実だけをかっさらおうとする「敏腕編集者」みたいな人間がこの世には存在することも、しっかり学んでおくべきでしょう。

池上　この書籍の編集者のことですか(笑)。ドストエフスキーが読まれるのは、客観的にはいい時代ではないのかもしれませんが、逆に言えば、こういう時代だからこそ一層読む価値があるということもいえます。たびたび多義性という言葉が出てきましたけれど、年齢を重ねてから読むと、全く違ったものが見えたりもするはずです。いずれにせよ、人生のどこかで取り組まなくてはいけない作家ではないでしょうか。

佐藤　そう思います。

最後はドストエフスキーから学ぶというより、ドストエフスキー作品から学ぶという話になってしまいましたが、一章から八章まで通していえることは、自分自身の経験は狭い。修羅場を潜り抜けるためには、世界のレジェンドに学び、本を読んで、想像力を広げるということに尽きるのだと思っています。

【生き延びるための秘策8】

自分は誰か。見つめてみよう

◎暗い時代だからこそ、ドストエフスキーを読むと学ぶことがある。
◎多くの声に耳を傾けよ。
◎苦境に陥った時にこそ、『カラマーゾフの兄弟』を読んでほしい。自分はこの登場人物の中の誰なのか。混乱した時代にどのような生き方を選択するのか、同書を読むことで手掛かりが見つかるはずだ。

あとがき

人間は群れを作る動物だ。多くの人が会社、役所などの組織のなかで仕事をしている。しかし、組織の中で生きていくのは、なかなか厄介だ。第一に人間関係が面倒だ。次に組織には、明文化された就業規則とは別の掟が存在する。この掟から外れると、いくら仕事がよくできても組織の中では居心地が悪くなる。

私は外務省という組織の中で生き残ることができなかった。従って、私の経験は組織の中で生き残るためには役に立たない。私が外務省を追われたのは、二〇〇二年に吹き荒れた鈴木宗男疑惑の嵐の中で、鈴木氏に対する攻撃に加わらなかったからだ。もしあのとき私が掌を返して鈴木バッシングに加わっていたら、私が外務省の片隅で生きていくことは可能だったと思う。しかし、外務省の同僚もロシアの友人たちも、私という人間を信頼しなくなったであろう。組織で生き残るよりも、人間としての筋を通す方が、私としてはよい生き方のように思えた。その結果、二〇〇二年五月十四日に東京地方検察庁特別捜査部に逮捕され、東京拘置所の独房で五一二日間暮らすことになった。裁判は九年間続き、最高裁判所で懲役二年六ヵ月（執行猶予四年）の判決が確定した。執行猶予が明けたのは二〇一三年六月三〇日の二十四時だった。執行猶予満了については裁判所から連絡は何もない。その時間になれば、刑の言い渡しが効力を失うのである。執行猶予期間中は、それなりに緊張していたが、平穏に日々を送っていた。しかし、執行猶予を満了した瞬間に全身が震えた。これで自由になったというよりも、二度と国家権力に捕まるような状況には陥りたくないと思った。政治事件に連座して死刑を言い渡されたドストエフスキーは、銃殺場に引き立てられ、死の直前まで彼は死を恐れなかった。しかし、皇帝の勅使が恩赦で刑を減じ流刑とすると伝えたとき、ドストエフスキーは心の底から国家が怖くなった。なぜなら国家は人を殺すだけでなく、生かすこともできるからだ。私も鈴木宗男事件を経てドストエフスキーに近い国家観を持つようになったのだと思う。

私自身は、あの事件を経験した後、組織に加わって仕事をすることはしないと決め、それを守っている。しかし、組織の意義については十分認めている。外交官時代、私は日本共産党の吉岡吉典参議院議員（一九二八～二〇〇九年、元赤旗編集局長）と親しくしていた。私の人生で日本共産党の国会議員で個人的に親しかったのは吉岡氏だけである。吉岡氏があるときこんなことを私に述べた。「あなたも役人だから感じると思うけど、組織は窮屈だろう。うち（日本共産党）もだいぶ窮屈な組織だ。ただし、組織を離れてはいけないと思う。組織は人の力を引き上げることができるからだ」。私は吉岡氏の言葉に全面的に賛成する。群れを作る動物である人間は、組織によって力をつけていくという要素がある。

本書で扱った乃木希典、田中角栄、トランプ、山本七平、李登輝、オードリー・タン、アウンサンスーチー、ドストエフスキーは、いずれも強烈な個性を持った人物だ。これらの人々の生き方から我々が学べることが（肯定面と否定面の双方において）多々あると思う。

本書を上梓するに当たっては、この対談に応じてくださった池上彰氏、編集の労をとってくださった中央公論新社の中西恵子氏、フリーランスライターの南山武志氏に深く感謝申し上げます。

二〇二二年五月十八日、曙橋（東京都新宿区）の自宅にて

佐藤　優

参考文献一覧

『こころ』夏目漱石、新潮文庫
『乃木希典』大濱徹也、講談社学術文庫
『ロッキード』真山仁、文藝春秋
『炎と怒り』マイケル・ウォルフ、関根光宏訳、藤田美菜子・他訳、早川書房
『ジョン・ボルトン回顧録』ジョン・ボルトン、梅原季哉監訳、関根光宏・三宅康雄他訳、朝日新聞出版
『「空気」の研究』山本七平、文春文庫
『李登輝秘録』河崎眞澄著、産経新聞出版
『オードリー・タン　デジタルとＡＩの未来を語る』オードリー・タン、プレジデント社
『アウンサンスーチー』田辺寿夫、根本敬、角川ｏｎｅテーマ21
『カラマーゾフの兄弟』第1～4巻、ドストエフスキー、亀山郁夫訳、光文社古典新訳文庫

構成／南山武志
本文DTP／市川真樹子

ラクレとは…la clef＝フランス語で「鍵」の意味です。
情報が氾濫するいま、時代を読み解き指針を示す
「知識の鍵」を提供します。

中公新書ラクレ
768

世界《せかい》の〝巨匠《きょしょう》〟の失敗《しっぱい》に学《まな》べ！

組織《そしき》で生《い》き延《の》びる45の秘策《ひさく》

2022年７月10日発行

著者……池上《いけがみ》 彰《あきら》　佐藤《さとう》 優《まさる》

発行者……安部順一
発行所……中央公論新社
〒100-8152 東京都千代田区大手町 1-7-1
電話……販売 03-5299-1730　編集 03-5299-1870
URL https://www.chuko.co.jp/

本文印刷……三晃印刷
カバー印刷……大熊整美堂
製本……小泉製本

Published by CHUOKORON-SHINSHA, INC.
Printed in Japan ISBN978-4-12-150768-6 C1236

中公新書ラクレ　好評既刊

L653
教育激変
――2020年、大学入試と学習指導要領大改革のゆくえ
池上　彰＋佐藤　優　著

2020年度、教育現場には「新学習指導要領」が導入され、新たな「大学入学共通テスト」の実施が始まる。なぜいま教育は大改革を迫られるのか。文科省が目指す「主体的・対話的で深い学び」とはなにか。自ら教壇に立ち、教育問題を取材し続ける池上氏と、「主体的な学び」を体現する佐藤氏が、日本の教育の問題点と新たな教育改革の意味を解き明かす。巻末には大学入試センターの山本廣基理事長も登場。入試改革の真の狙いを語りつくした。

L725
ニッポン　未完の民主主義
――世界が驚く、日本の知られざる無意識と弱点
池上　彰＋佐藤　優　著

首相交代は「禅譲」、コロナ禍の責任を専門家に押し付け、日本学術会議の会員任命拒否の説明は支離滅裂……。大丈夫か、この国は。これじゃまるで、〝未開国〟。それもそのはず。なぜなら、戦後、ニッポンの民主主義は、世界の潮流をよそに独自の生態系に「進化」してきたのだから……。なぜ、検察を正義と誤認するのか。なぜ、「右」から「左」まで天皇制を自明のものとするのか。世界も驚く日本型民主主義の不思議を徹底分析。

L750
なぜ人に会うのはつらいのか
――メンタルをすり減らさない38のヒント
斎藤　環＋佐藤　優　著

「会ったほうが、話が早い」のはなぜか。それは、会うことが「暴力」だからだ。人に会うとしんどいのは、予想外の展開があって自分の思い通りにならないからだ。それでも、人は人に会わなければ始まらない。自分ひとりで自分の内面をほじくり返しても「欲望」が維持できず、生きる力がわかないからだ。コロナ禍が明らかにした驚きの人間関係から、しんどい毎日を楽にする38のヒントをメンタルの達人二人が導き出す。